GARDE TES CONSEILS

Directeur éditorial : Stéphane Chabenat
Éditrice : Pauline Labbé
Conception graphique et mise en pages : Marion Alfano
Conception couverture : olo.éditions
Illustrations : Klowé, @mrs_kelloway sur Instagram

Les Éditions de l'**Opportun**
16 rue Dupetit-Thouars
75003 PARIS
www.éditionsopportun.com

OPHÉLIE BOURGEOIS

Illustré par Klowé

GARDE TES CONSEILS

Le meilleur des pires conseils
aux parents et futurs parents

SOMMAIRE

AVANT-PROPOS

Tu es parent ? Tu vas être parent ? Tu as prévu dans un avenir lointain d'être parent ? Tu as 32 ans et pas d'enfant ? F-É-L-I-C-I-T-A-T-I-O-N-S ! Et bienvenue dans le monde merveilleux des très (trop) nombreux conseils et remarques non sollicités sur ce sujet qui te donneront l'impression au quotidien d'être tombé dans le domaine public : la parentalité ! Dans ce monde enchanté, tu découvriras que ta tatie Jacqueline et ton banquier sont tous les deux pédiatres, sages-femmes mais aussi gynécologues et conseillers en image post-accouchement. Formidable.

Du choix de l'alimentation de ton enfant à la couleur de son pantalon, c'est sur absolument tous les sujets que tu devras t'expliquer, te justifier et faire face aux regards interrogateurs, et parfois même aux critiques acérées de ton entourage proche... et beaucoup moins proche (et quelquefois même, pas proche du tout).

Laisse-moi te dire quelque chose sur la parentalité et son évolution : le fossé qui se creuse entre les méthodes de nos parents et les méthodes actuelles n'aide pas. Et je ne te parle pas du gouffre entre les méthodes de nos grands-parents et les nôtres. On se demandera ce que fabrique ton bébé suspendu à tes épaules par un simple bout de tissu et pourquoi il dort encore dans le sacro-saint « lit conjugal » alors qu'il a déjà (seulement ?) 1 mois ! Le maternage proximal, comme on l'appelle, n'est pas l'ami des conseilleurs. « Répondre aux besoins affectifs, émotionnels et physiologiques de ton enfant ? Mais ça ne va pas ou quoi ? Tu vas en faire un enfant roi ! » D'ailleurs, quand bien même tu ne pratiques pas le maternage proximal, les gens trouveront toujours un sujet pour te titiller, te froisser, t'irriter, ou carrément même, disons-le : t'emmerder.

Garde tes conseils, c'est la compilation de toutes les perles parentales que tu reçois (ou recevras) dans ton quotidien de futur ou de jeune parent. Un déferlement de conseils et remarques tous plus loufoques, farfelus, déplacés et parfois violents les uns que les autres... et souvent (toujours ?) non sollicités.

« MAIS TU ES QUI, TOI, POUR NOUS DIRE DE GARDER NOS CONSEILS ? »

Je suis Ophélie, la (géniale, en toute modestie) créatrice du compte Instagram @gardetesconseils (comment ça, tu ne le connais pas ?). Je suis femme, fille, amie, sœur, cousine, tante, conjointe, copine, nièce, petite-fille et aussi (surtout) maman.

Qu'on se le dise : je ne suis ni spécialiste des bébés, ni de la petite enfance, ni de la santé, de la grossesse, ni de tout autre sujet lié à la parentalité. Moi, je suis ce qu'on appelle aujourd'hui une slasheuse : je gère un compte Instagram/je crée du contenu/j'écris des bouquins/je crée des événements (enfin, ça, c'est hors confinement, parce qu'à l'heure où j'écris ce livre, on est en avril 2020, et on ne peut plus faire d'événements). Bref, tu comprends le principe, quoi ! J'ai 28 ans et je suis l'heureuse maman d'une petite fille de 14 mois et demi au moment où j'écris ces lignes (il paraît qu'on a le droit de compter l'âge de son enfant en mois jusqu'à 20 mois, j'en profite). Il faut le dire : tout a démarré grâce à elle alors qu'elle ne mesurait que quelques microcentièmes de millimètres dans mon ventre. Au début, j'ai trouvé ça sympa. Les gens s'intéressent à moi, à nous, à ma santé, au futur bébé, sinon ils ne diraient rien. Puis, de moins en moins sympa, finalement...

En juillet 2018, alors que nous commençons à annoncer la bonne nouvelle de ma grossesse à notre entourage, commencent à pleuvoir les premiers conseils (ah ouais, ça commence si tôt !).

Bien sûr, j'ai eu tout un tas de réflexions sur mes projets d'allaitement, de couches lavables, de cododo, de portage, de motricité libre (et encore, j'avais pas parlé de diversification menée par l'enfant et d'allaitement non écourté) :

« tu verras si tu réussis » (oh super, merci pour ton soutien !), « ouais, c'est aussi ce que Caro disait, puis finalement, elle a fait autre chose » (cool, tant mieux si ça lui convient !)... Bref.

Je me souviens d'une remarque qui m'a particulièrement saoulée au moment de l'annonce du sexe du bébé :

« Oh, bah le prochain, ce sera un garçon », accompagné de ce petit regard désolé et compatissant. « Dis donc, Jean-Mich, tu le savais, toi, que mon plus grand souhait, c'était d'avoir une fille ? Puis d'ailleurs, qu'est-ce que tu en sais que je veux plusieurs enfants ? Et puis au fait, tu me dis ça parce que mon mec est agriculteur et qu'il faut un homme, un vrai, avec un caleçon bien rempli pour qu'il puisse conduire les gros tracteurs, c'est ça ? » Ah, j'adore notre société patriarcale rétrograde !

Il y a aussi une fois dont je me souviendrai toujours. Enceinte de huit mois, je marchais tranquillement dans la cour avec mon conjoint, et un membre de notre famille (dont je tairai le nom – peut-être qu'elle lira ce livre et se reconnaîtra, ou pas) a dit à mon conjoint très distinctement (alors que je me trouvais à quelques mètres) : « Eh bah dis donc, elle a pris du ventre, mais elle a aussi pris des fesses. » M-E-R-C-I.

Puis, en janvier 2019, LA goutte d'eau qui fait déborder le vase : mon premier cours de préparation à l'accouchement. Comme à mon habitude, j'arrive méga-informée sur tous les sujets. Tu vois la nana reloue qui passe sa vie à lire des articles et des études, à se renseigner avant de mettre en pratique quoi que ce soit ? C'est moi. Premier sujet : la valise de maternité et le sac qu'il faut apporter en salle de naissance. Dois-je préciser que ma valise... est déjà bouclée ? Comment ça, je suis trop en avance ? *#onsaitjamais*[1]. Je suis du genre « un peu » prévoyante. La sage-femme qui anime le cours nous explique ce qu'il faut apporter dans le sac destiné à la salle de naissance : deux couches, un pyjama, un body, une couverture... Je me souviens plus exactement, mais ça ressemblait à ça. Et là, je lui demande : « Un pyjama ? Mais, ce n'est pas en salle de naissance qu'on est nue avec le bébé et qu'on fait notre premier peau à peau ? » Malaise. « Ah non, le peau à peau nue,

---

1 Mamie : quand il y a un dièse devant un mot, ça s'appelle un hashtag sur les réseaux sociaux. J'explique un peu plus loin ce que c'est.

ça ne se fait plus. Maintenant, pour faire du peau à peau, le bébé est en pyjama », m'a répondu la sage-femme. Pardon ? J'ai l'impression de ne pas bien comprendre ce raisonnement : alors on ne fait plus du peau à peau, mais du pyjama à peau, c'est bien ça ?

Aujourd'hui, je ris de cette histoire. Mais au fond, ça m'énerve. Et ce jour-là, le 24 janvier 2019, je ne comprends pas. Comment peut-on recevoir, en tant que futurs parents, des conseils aussi biaisés, même de la part des professionnels de santé qui nous accompagnent dans cette découverte de la parentalité ? Je rentre chez moi, j'attrape mon téléphone et je crée le compte Instagram @gardetesconseils. Pas poétique comme nom, mais ça colle bien avec mon humeur du moment. Les premiers posts que je fais sont les conseils et remarques faits par mon entourage[2]. Puis, je propose aux abonnés de me partager leurs pires perles. Ça fuse. La première semaine, il y a 60 abonnés. La deuxième, 600. Au bout de deux mois à peine, 30000. Le compte est collaboratif. Chaque jour, je poste une perle que je reçois de la part d'un abonné du compte. Un vrai truc, qu'un vrai parent m'a raconté.

Bon et pour boucler la boucle, bien sûr, après la grossesse, il y a eu mon accouchement. Là, j'ai eu le droit à toutes sortes de remarques post-accouchement. Mon entourage a décidé pour moi que « c'était long, mais que tout s'est bien passé » (en vérité, c'était long et tout s'est mal passé, et avec mon conjoint nous avons été traumatisés pendant plusieurs mois). Puis mon beau-père est entré dans ma chambre le lendemain de mon accouchement, en m'annonçant que la veille au soir, il avait eu mal au ventre : « Je te promets, on aurait dit que j'étais en train d'accoucher ! » (Ben voyons, Maurice !)

Ensuite, ça s'est un peu calmé. Voyant que j'assure comme une cheffe (en toute modestie, encore une fois), les gens ont cessé de me donner des conseils ou de me faire des remarques. Pour la plupart. Bien sûr, on en a toujours (surtout de la part de ceux qui ne savent pas que j'ai un compte Instagram nommé @gardetesconseils, cela dit). Il paraît qu'il faut que je chausse ma fille avec des chaussures bien rigides pour qu'elle marche et que le fils d'une voisine

---

2 Coucou, tatie, si tu remontes dans les premiers posts, sache que je t'aime quand même.

était propre dès 9 mois (ma fille est du coup en retard sur tout *a priori*). Allez, force et courage à tous les parents et futurs parents !

« MONIQUE, LA PETITE, ELLE A DIT QU'ELLE AVAIT MIS DES HASHTAGS DANS LE LIVRE. TU SAIS CE QUE C'EST, TOI ? »

Dans ce livre, tu vas croiser de temps en temps des hashtags : les hashtags, c'est un mot-clé précédé d'un signe dièse (#). On les retrouve beaucoup sur Instagram. Ils servent à regrouper sous un mot-clé tous les articles qui abordent la même thématique. Et il y en a que j'adoooore particulièrement, alors tu les croiseras tout au long du livre (d'ailleurs, je ne peux que les adorer puisque pour la plupart, je les ai inventés. *#lamodestiecestpasmondomaine*).

L'un de ces hashtags s'appelle par exemple : *#jegardemesconseils*. JE garde mes conseils. Ça ne t'est jamais arrivé, à toi, de donner un conseil ou de faire une remarque et de la trouver vraiment nulle après coup ? Moi oui. Une fois, j'ai même demandé à une connaissance qui m'annonçait sa grossesse si elle n'était pas trop déçue d'attendre une deuxième fille. La honte. *#jegardemesconseils*, c'est donc le hashtag des abonnés de mon compte qui m'ont confié les pires conseils ou remarques qu'ils ont formulés et qu'ils ont ensuite regrettés.

Dans ce livre, tu trouveras aussi un *#gueuledelavelinge* mais surtout, celui que je préfère, *#lesinfospourbrilleràlapéro*. Avec de vraies vraies infos qui vont, j'en suis sûre, t'aider à briller en société (comment ça, c'est prétentieux ?).

LES *#CONSEILSROUDOUDOUS* ? MAIS JE CROYAIS QU'ON N'ÉTAIT PAS VENU LÀ POUR SE MARRER !

Aaah, il paraît qu'au milieu de tatie Jacqueline et de Jean-Mich-Les-Bons-Conseils, il y a des conseils et des remarques sympas, des choses positives qui nous aident à avancer. Alors, ils sont tout beaux, ils sont tout doux et sucrés, ils apportent un peu de soleil sur mon compte Instagram, mais aussi dans ce livre : ce sont les *#conseilsroudoudous*. Comme le reste, les conseils roudoudous que je reçois sont de vraies choses qui me sont rapportées par de vrais gens. Et ça fait du bien. Ça fait du bien parce que la vérité, c'est qu'on n'en reçoit pas assez quand on devient parent. C'est vrai quoi, tu viens d'avoir un bébé, t'es fatiguée, t'as l'impression de ressembler à un panda avec tes cernes sur lesquelles on pourrait s'asseoir pour faire de la balançoire, et là, entre le rayon couche et le rayon Tourtel® (tu sauras que je voue une véritable passion à la Tourtel® mangue-passion), une inconnue te sort : « Vous êtes une maman radieuse. » WAOUH. Tu ne te sens pas comme la Beyoncé du rayon bière après ça ? Alors, je te le dis cash : inspirons-nous de ces roudoudous et distribuons du roudoudou aux futurs parents et aux jeunes parents.

DES CONSEILS SUR QUOI ?

C'est bien simple... des conseils sur absolument tout ! Et, crois-moi, depuis que j'ai ouvert mon compte Instagram, ça ne tarit pas, et les conseilleurs regorgent d'imagination pour commenter les moindres objets, mouvements ou idées des parents et futurs parents.

Pour cette raison, j'ai organisé le livre par thématiques[3] : grossesse, accouchement, allaitement, hygiène, santé, pleurs, sécurité routière, motricité, et apprentissages divers et variés... Ce ne sont que les grandes catégories ! Oui, parce que, bien sûr, il y en a d'autres et des meilleures (non, pas des meilleures, ça, c'était juste pour l'expression ; les meilleures, je les ai mises dans ce livre, *of course !*).

---

3. Et puis, disons-le, c'est beaucoup plus simple de t'y retrouver si tu veux piocher un bon conseil à donner à quelqu'un... Haha !

MAIS ENFIN, QUI DONNE TOUS CES PRÉCIEUX CONSEILS ?

Il est très facile de répondre à cette question aussi : absolument tout le monde te donnera des conseils et te fera des remarques sur tout ce qui touche à ta parentalité (sauf si, vraiment, tu as un entourage en or). Que tu les aies demandés ou non, tu les auras quand même, et tatie Jacqueline se délectera de ta mine déconfite face à la merveilleuse remarque que tu viens de te prendre dans les dents.

Les petits mots doux viendront parfois de ta famille et de ta belle-famille. Et crois-moi, ceux-là sont parfois les pires, car comme on se connaît bien, on se permet plus de choses, et parfois on ne se rend pas compte du caractère blessant, répétitif ou carrément choquant du conseil. D'ailleurs, chose encore inexpliquée à ce jour : le phénomène de la belle-mère. *The belle-mère phenomenon,* de son nom scientifique[4]. Depuis le début de ma collecte de vos pires conseils et remarques, c'est belle-maman qui a la palme. La palme de presque tout : celle qui donne le plus de conseils et d'avis, celle qui donne le plus loufoque, le plus lourd, le plus violent. Je t'invite, si tu es chercheur des phénomènes qu'on n'explique pas, ou si tu as vraiment beaucoup de temps à perdre, à regarder ce qu'il se passe avec les belles-mamans. Et si, comme moi, tu n'as pas envie de faire ce travail de recherche, je t'invite à ne rien faire et à simplement regarder la conclusion : mets les choses au clair avec ta belle-mère dès aujourd'hui.

Puis il y a tes amis... et ceux que tu pensais être tes amis ! Tes collègues de travail et tes supérieurs hiérarchiques, mais aussi les professionnels de santé, et même... les parfaits inconnus.

Ah, n'oublions pas non plus les ultracrépidariens ! Comment ça, tu ne connais pas ce mot ? Attends, je t'explique[5] : l'ultracrépidarianisme, c'est l'habitude de donner des avis ou des conseils sur tous les sujets, même ceux qu'on ne maîtrise pas (je te promets que ce mot existe, tu peux regarder

---

4. Je déconne, ne sortez pas cette expression à l'apéro, je viens de l'inventer.

5. Et là, ça fait carrément partie de la catégorie *#lesinfospourbrilleralapéro.*

sur Internet). Du coup, les ultracrépidariens, loin d'être une espèce en voie d'extinction, ne seront pas tes amis quand tu deviendras parent… Par contre, ils seront potentiellement tes amis au Scrabble®, parce que, bien calé, ce mot rapporte plein de points.

ALORS COMME ÇA, C'EST TOUJOURS LES MÊMES QUI SE PRENNENT LES CONSEILS ET LES REMARQUES DANS LES DENTS ?

Laisse-moi te rappeler la définition de « parent » dans le Larousse :

« Parent, nom masculin : le père ou la mère. »

Le père OU la mère. LE PÈRE OU LA MÈRE (je l'écris gros pour être bien sûre que tu l'aies vu). Oui, un parent, ça peut être une maman, mais aussi un papa. Incroyable, non ? Eh bien, les conseilleurs ne doivent pas être au courant, parce que, tiens-toi bien, 99,9 %[6] des remarques sont destinées aux femmes. Eh oui mesdames, encore une petite attention juste pour vous. En plus, ça a même un petit nom sympathique : la charge mentale maternelle. Bah oui, puisque c'est nous qui portons l'enfant dans notre ventre, on nous offre le package complet. Et les conseils et remarques, *a priori*, ça va avec. Je te propose une petite expérience scientifique : si un jour, tu te retrouves dans une pièce avec ton conjoint et ta belle-mère (au hasard, hein), prends un petit bout de papier et fais deux colonnes :

---

6. Chiffre 2020 non officiel, calculé à la louche par moi-même en regardant grosso modo les messages que je reçois sur Instagram.

Mon conjoint	Moi

Compte les points. À qui belle-maman va-t-elle dire : « Tu devrais l'habiller plus là, il ne fait pas chaud », « T'es sûre qu'il n'a pas faim ? », « Pourquoi vous ne le faites pas dormir dans son lit à lui ? »

Donc, en fait, je devrais renommer mon compte en : « les meilleurs pires conseils et remarques aux parents et futurs parents, mais surtout aux mamans et futures mamans ».

C'EST SYMPA TOUT CE BLA-BLA, MAIS FINALEMENT, QU'EST-CE QU'ON LUI RÉPOND À JEAN-MICH-LES-BONS-CONSEILS ?

On me demande souvent comment répondre aux conseils et aux remarques de son entourage. J'ai même vu des parents couper les ponts avec leur famille ou leurs amis pour ne plus avoir à subir la pression du quotidien et, pour certains, je crois qu'il n'y a pas d'autre solution. Pour les autres, je crois que ça dépend du caractère de chacun !

Je mets souvent des punchlines sur mon compte Instagram (et tu en trouveras tout au long de mon livre), en essayant de faire en sorte que ce soit drôle. Déjà, parce que ça me fait marrer dans mon coin de réfléchir à une petite réponse sympa, et en plus, je me dis que ça pourrait peut-être donner de l'inspiration à certains parents pour répondre aux conseils et aux remarques !

Perso, j'ai une technique imparable pour faire face aux conseils : avoir un compte Instagram qui s'appelle « Garde tes conseils ». Si si, je t'assure, c'est super efficace ! Presque plus personne n'ose me dire quoi que ce soit dans mon entourage... ou alors en disant « Haha ! Euh... tu le mets pas sur ton compte Instagram, hein ! Enfin je dis ça, enfin, c'était une blague hein ! »

La deuxième technique imparable, c'est une phrase qui fait fuir en courant tous les donneurs de conseils : « J'ai lu une étude qui dit que... » Mais si, souviens-toi, je t'ai dit que j'étais la nana reloue qui lit des études. Eh bien figure-toi que cette phrase – précisément – a le pouvoir de clore un sujet. La personne en face de toi n'a aucune envie de savoir le contenu de ton étude. C'est hyper-malin parce qu'en plus ça fonctionne même quand on n'a lu aucune étude. Bim !

Et sinon, la deuxième phrase qui permet de clore un débat tout en douceur, c'est : « Ce n'est pas parce que je fais différemment que toi avec tes enfants que je critique ce que tu as fait avec les tiens. » Parce que souvent, c'est ça, le fond du problème. Les temps ont changé, les connaissances aussi, et votre entourage peut se sentir agressé en voyant quelqu'un faire différemment qu'eux.

LA GROSSESSE

« Tiens, t'as trop bu de bière ?
Ah non, t'es en cloque ? Haha. »

Être enceinte. Vaste sujet. Ça commence par tomber enceinte. Et parfois, c'est un vrai parcours du combattant. Et puis après ça, ça peut être neuf mois de bonheur pour certaines... ou neuf mois d'autre chose pour d'autres. Perso, j'ai eu neuf mois d'autre chose : vomissements, douleurs, contractions trop tôt, bébé trop petit, col en entonnoir... plein de super trucs qui m'ont fait détester la grossesse. Ah, au fait, même si tata Jacqueline te soutiendra que c'est un merveilleux moment, on peut détester sa grossesse... tout en adorant son bébé ! D'ailleurs, en passant par là, si tu veux partager sur ce sujet, je te recommande le compte Instagram @jenaimepasetreenceinte[7].

Et là, comme si toutes les femmes de ton entourage avaient oublié qu'être enceinte ça a aussi de mauvais côtés, on commencera à te rabâcher, alors que tu as la tête au fond des toilettes pour « seulement » la quatorzième fois de la journée, que tu ne peux plus ni manger, ni boire, ni dormir à cause des nausées incessantes : « Non mais t'es enceinte, c'est pas une maladie. » Ah ouais ? Parce que bon, là, tout de suite, moi, j'ai plutôt l'impression d'être malade quand même.

---

7. Coucou mamie, pour information : quand il y a une arobase devant un mot, c'est le nom d'un compte Instagram.

Et puis, il y a aussi ces moments où tu as envie d'être invisible parce que tu as l'impression que ton ventre s'est transformé en aimant géant. Comment ça, « bas les pattes » ? Tu n'apprécies pas que Jean-Mich pose ses mains velues sur ton bidon ? Vraiment, tu ne sais pas apprécier les bonnes choses. C'est comme si, en tombant enceinte, tu étais aussi devenue un objet public. Mais enfin, qui toucherait le ventre d'une femme pas enceinte qu'il ne connaît pas ? Personne ! Alors, pourquoi est-ce aussi démocratisé que Jean-Mich et une nouvelle cliente de ta boutique tâtent la forme de ton bidon ?

Bon, trêve de bavardage. Tu es prêt ? C'est parti pour le florilège des meilleurs pires conseils et remarques. Et, pour faire original, on commence par ceux sur la grossesse. BONNE CHANCE !

« C'était voulu des jumeaux ? »

PAR UN POTE DE TON MEC

Oui, bien sûr, c'était pour pouvoir toucher les allocations.

« Ne te mets pas en maillot deux pièces au soleil alors que tu es enceinte : tu vas faire bouillir ton liquide amniotique. »

PAR UNE NANA À QUI TU N'AS RIEN DEMANDÉ SUR FACEBOOK

Super, je peux aussi y mettre un bouquet garni pour plus de saveurs ?

« Ah tu as eu des nausées de grossesse ? Ton bébé aura sûrement des cheveux, alors. »

PAR TA BELLE-SŒUR

#lesinfospourbrilleralapéro

Cette croyance viendrait du fait que les cheveux du bébé te chatouillent l'intérieur du bas du ventre, ce qui provoquerait les nausées et les remontées acides... Un peu tirée par les cheveux cette affaire [*pardonne-moi cette blague, promis, je vais faire mieux*].

« C'est un accident ? »

PAR TON BEAU-PÈRE À QUI TU ANNONCES TA GROSSESSE

Oui ! Je faisais un ping-pong et, d'un coup, je suis tombé sur ton fils. Il était tout nu... Bref, tu connais la suite. Incroyable !

C'EST UN ACCIDENT ?
!!
MAMAN !
Klawe

« Un verre ou deux pendant la grossesse, ça n'a jamais tué personne. »

PAR TA COLLÈGUE DE BOULOT

Le syndrome d'alcoolisation fœtale ?
J'connais pas.

« Il faudra te mettre au régime après, mon fils n’aime pas les grosses. »

PAR TA BELLE-MÈRE

Et moi, j’aime pas les belles-mères.

« À cinq mois tu peux boire, ça craint plus rien, le bébé est déjà formé. »

PAR UNE AMIE

Et d'ailleurs, à six mois, tu peux aussi recommencer le pétard !

« Apprends déjà à t'occuper de mon fils avant de penser à faire un enfant. »

PAR TA BELLE-MÈRE

Ah bon, belle-maman, ce n'était pas à vous, ses parents, de lui apprendre à s'occuper de lui-même tout seul ?

« Regarde les yeux de ta fille, et tu verras que tu es la meilleure des mamans. »

#conseilroudoudou

« Regarde les yeux de ta fille et tu verras que tu es la meilleure des mamans. »

PAR TON MÉDECIN TRAITANT

« Tu devrais en faire un deuxième. On ne sait jamais, tu en auras un de rechange. »

PAR TON COLLÈGUE

Ah oui, c'est vrai, j'y avais pas pensé.
Ce sera tellement pratique aussi si le premier
a une panne ou un défaut.

« Ne croise pas les jambes alors que tu es enceinte, tu vas empêcher ton bébé de respirer !

PAR UNE AMIE DE TON GRAND-PÈRE

Pourquoi, il respire par mon nombril ? Ou alors par... mon vagin ? Mais du coup, je ne peux plus m'asseoir non plus ?

« Vous n'allez quand même pas l'appeler comme ça ? »

PAR TA BELLE-SŒUR

Pourquoi ? C'est pas bien Adolphe ?

**« Les taches de naissance ?
Ça vient des femmes
qui boivent un coup de vin
et se grattent
en même temps. »**

PAR TA MÈRE

*Et les grains de beauté, ce sont les femmes qui,
enceintes, jouent à la marelle
et se font piquer par un moustique.*

#jegardemesconseils

« C'est psychologique. Pense à autre chose. »

PAR TOI À TON AMIE QUI ESSAIE DE TOMBER ENCEINTE DEPUIS QUATRE ANS

Mais oui, c'est vrai ça : entre deux rendez-vous médicaux et trois piqûres, tu pourrais penser à un sandwich jambon beurre, par exemple !

« Vous ne pourrez pas avoir d'enfant si vous êtes aussi grosse. »

PAR LE MÉDECIN

Et vous, en revanche, vous pouvez être médecin alors que vous avez aussi peu de tact ?

#jegardemesconseils

« J'espère que tu auras une fille,
ce serait super : le choix du roi. »

PAR TOI

OOPS

#lesinfospourbrilleralapéro

Ah, cette expression historique que je... déteste ! Elle date du Moyen-Âge, où il fallait que les rois et les reines aient d'abord un fils. Bah oui, sinon, qui aurait assuré la descendance du trône ? Puis, une fille quand même, pour lui trouver un mari riche afin que la famille royale soit encore plus fortunée et puissante. Que de belles valeurs d'humanité à transmettre à ses enfants !

« Vous n'auriez pas dû dire à ton fils qu'il allait être grand frère. Imagine si tu fais une fausse couche. »

PAR UNE AMIE

Je n'aurais pas dû t'inviter à boire un verre : imagine tu te fais renverser par une voiture en sortant de ma maison.

« Madame, vous ne devriez pas venir à la piscine en étant enceinte : le chlore va décolorer la peau de votre bébé. »

PAR UNE MAMIE INCONNUE À LA PISCINE

Et au contraire, si je veux un bébé au teint hâlé, je peux prendre un bain de boue ?

#conseilroudoudou

« Ton corps est beau, il a porté la vie, je t'aime. »

PAR TON MARI

L'ACCOUCHEMENT

« 1, 2, 3, POUSSEZ MADAME, vous allez tout déchirer [8] ! »

Aaah, l'accouchement. Ce moment hyper-intense où tu vas rencontrer ton enfant pour la toute première fois. Que du bonheur ! Mais si. MAIS SI ! Tu vas enfin arrêter de recevoir toutes les quatre minutes un SMS d'un membre de ton entourage pour savoir si ton enfant est arrivé. Bah oui quoi, des fois que tu aurais oublié de les prévenir (ou alors que tu ne te serais pas rendu compte qu'un nouvel être humain venait de faire son entrée dans ta vie !).

Avant d'accoucher, il y a ce moment où tu attends d'accoucher. Et là, souvent, on te donne des milliers de recommandations pour déclencher ton accouchement au plus vite. Bah oui, franchement, tu as l'air au bout de ta vie avec ton énorme ventre et ta démarche de vieillarde, on veut t'aider. « Moi j'avais fait les vitres en buvant un smoothie avec des dattes et de la cannelle justement dosées, ça avait super bien fonctionné ! » te dira ta copine du yoga.

---

8. *True story :* c'est une toute jeune sage-femme qui a sorti cette expression pour motiver une maman lors de son premier accouchement. *A priori*, ça a bien détendu l'atmosphère.

#lesinfospourbrilleralapéro

D'autres, plus aventuriers, te recommanderont, à toi et à ton chéri, d'avoir recours à la fameuse « méthode à l'italienne » [faire l'amour, quoi]. Oui, parce que le sperme contient une hormone appelée prostaglandine qui favorise l'assouplissement du col de l'utérus. D'ailleurs, pour la petite histoire, il paraît que les Italiens appellent cette méthode « la méthode à la française ».

**« Bon, madame,
vous n’avez pas rechigné
pour qu’on vous la mette.
Alors maintenant,
faut pousser pour la sortir. »**

PAR LE GYNÉCOLOGUE OBSTÉTRICIEN
LORS DE TON ACCOUCHEMENT

*Ah oui. Mais docteur, elle a pris
un peu de volume entre-temps.*

« Mieux vaut que bébé soit en pyjama pour faire du peau à peau. »

PAR LA SAGE-FEMME

The famous one : *celle-là même qui est à l'origine du compte.*

MIEUX VAUT QUE BÉBÉ SOIT EN PYJAMA POUR FAIRE DU PEAU À PEAU.
JE RAJOUTE UNE ÉPAISSEUR POUR ÊTRE SÛRE?
Klowé

« Si vos seins deviennent cireux, c'est que vous allez mettre bas ; c'est comme ça que ça marche avec les juments. »

PAR TON PATRON

Un grand connaisseur. Malaise assuré à la prochaine réunion d'équipe.

« Une césarienne ? Ma pauvre, tu dois vraiment le vivre comme un échec. »

PAR UNE COLLÈGUE

« Mais pourquoi un échec ? Mon enfant est né avec la certitude que même devant une porte close, quand tout espoir semble perdu, il y a toujours une autre sortie. »

Cette phrase, je l'ai lue sur une illustration faite par la douce @luxyscarlet.
#rendonsàcésarcequiappartientàcésar

« Ne vous inquiétez pas, je lui ai fait un vagin de petite fille. »

PAR LA SAGE-FEMME À TON MARI

Le mélange de la violence obstétricale et de l'incitation à la pédophilie : à vomir.

#lescomptesàsuivre

Ici, c'est induit, mais cette sage-femme indique avoir réalisé ce qu'on appelle communément « le point du mari ». C'est-à-dire qu'après une incision appelée épisiotomie visant à ne pas déchirer le périnée, ou après une déchirure naturelle du périnée au passage du bébé lorsqu'une femme est en train d'enfanter, elle procède à la couture d'un point supplémentaire visant à « resserrer » le vagin pour augmenter le plaisir masculin lors des rapports sexuels. Beaucoup de femmes en sont encore victimes aujourd'hui.
Si tu souhaites avoir plus d'informations à propos des violences obstétricales et gynécologiques, je te recommande le compte *Instagram @balancetonuterus.*
Ensemble, combattons ce fléau !

« Le vrai accouchement, c'est l'accouchement dans la douleur. Pas la césarienne. »

PAR TA BELLE-SŒUR

OK, alors je n'ai pas vraiment accouché. Cependant, j'ai quand même un enfant : tu m'expliqueras comment c'est arrivé ?

#conseilroudoudou

« On applique la règle des 3 C : pas de conseils, que des compliments et des cadeaux. »

PAR TES PARENTS

« Ah, vous tapez dans la jeunette, vous ! »

PAR LA SAGE-FEMME À TON MARI
EN SALLE D'ACCOUCHEMENT

Ouais, et toi, ton mari, il fait plutôt dans la morue, non ?

« Pour déclencher le travail, ne bois que du champagne : tu verras, ça marche ! »

PAR UNE COLLÈGUE

Quelle naïve je fais ! Je pensais que le champagne, c'était après l'arrivée de bébé.

« Ils en ont oublié un, non ? »

PAR TA BELLE-MÈRE LE LENDEMAIN
DE TON ACCOUCHEMENT

« Chez vous aussi belle-maman, non ?
Il doit être momifié en plus, depuis le temps ! »

Cette punchline est attribuée à @this_perfectday.
#rendonsàcésarcequiappartientàcésar

« Allez, on écarte les cuisses, faut encore ficeler le rôti. »

PAR LE GYNÉCO QUI S'APPRÊTE À RECOUDRE
TON ÉPISIOTOMIE

Super, et on passe à table à quelle heure ?

« Ça doit pas être si dur d'accoucher, même les chiens y arrivent. »

PAR UNE AMIE

Les chiens arrivent aussi à se lécher l'anus.
Moi non. Donc, a priori,
cette comparaison n'est pas la bienvenue.

« Accoucher avec la péridurale ? Pour votre bébé, vous pouvez bien accepter un peu de douleur ! »

PAR LE CONSEILLER PÉDAGOGIQUE

Le conseiller pédagogique.
Le monsieur que tu ne connais pas,
qui est censé te donner
des conseils pédagogiques et qui,
a fortiori, *ne connaîtra jamais*
la douleur d'un accouchement.

« Tu dois souffrir pour ton accouchement, c'est ça qui leur permet de mesurer l'amour que tu as pour eux. »

PAR TA GRAND-MÈRE

Ma fille a intérêt à se souvenir à quel point je l'aime.

"TU DOIS SOUFFRIR POUR TON ACCOUCHEMENT C'EST ÇA QUI LEUR PERMET DE MESURER L'AMOUR QUE TU AS POUR EUX."
TIENS, RAJOUTE UN COUP DE MARTINET, POUR ÊTRE SÛRE QU'IL T'AIMERA TOUJOURS QUAND IL DEVRA PAYER TON HOSPICE.
ALLEZ, C'EST CADEAU, TU ME REMERCIERAS PLUS TARD.
Klawé

#jegardemesconseils

« Alors, à quand le prochain ? »

PAR TOI, À TON AMIE QUI VIENT D'ACCOUCHER

Attends, pousse-toi un peu, on va le concevoir tout de suite avec mon mec.

#conseilroudoudou

« Être parent, c'est se remettre en question chaque jour. Peu importe si tu loupes quelque chose aujourd'hui, tu feras mieux demain. »

PAR TA COUSINE

YOU

« Votre bébé aura du mal à affronter les obstacles plus tard : la naissance, c'était le premier, et il a choisi la facilité. »

PAR LE CHEF DU SERVICE OBSTÉTRIQUE À PROPOS DE TON BÉBÉ NÉ PAR CÉSARIENNE

Vous n'avez vraisemblablement pas vécu de césarienne, monsieur, car, a priori, *ça n'a rien de simple.*

« Madame, le rôle du père, c'est de briser le lien trop fusionnel entre le bébé et sa maman. »

PAR LE PÉDIATRE DE LA MATERNITÉ

Voilà, et c'est d'ailleurs pour ça que c'est lui qui coupe le cordon.

L'ALLAITEMENT

« Il fait quoi là ? Il tète ? Encore ?
Mais il n'est pas déjà assez gros ? »

Ah ! l'allaitement maternel... Ces moments si doux, si beaux et cette façon de nourrir son bébé qui se perpétue de génération en gêné... quoi ? Ça s'est perdu ? C'est mal vu ? Les seins ne sont plus faits pour nourrir, mais seulement pour jouer avec ? Tiens donc.

L'allaitement est une source inépuisable de mauvais conseils et de remarques en tout genre. Parce que c'est devenu rare, les femmes qui allaitent... et qui allaitent longtemps. Et puis parce qu'en plus, elles doivent se cacher pour ne pas se taper le regard de Jean-Mich au milieu de la rue, qui leur sortira sans sourciller sa meilleure excuse pour les reluquer : « Non, mais c'est pas que je regarde, mais vous êtes là, alors je vois. » Si si, c'est du vécu, je te le dis. Moi j'allaite encore ma fille de presque 15 mois, et même si je n'ai jamais eu de remarques désagréables, parfois un simple regard vaut 1000 mots.

Les mauvais conseils viennent aussi du fait que la société a oublié que le sevrage naturel d'un enfant, c'est entre 2 ans et demi et 7 ans.

#lesinfospourbrilleràlapéro

D'ailleurs, tu savais qu'on appelle les premières dents des bébés les dents de lait parce qu'elles tombent à peu près au moment où l'enfant décidera par lui-même d'arrêter de téter ? [P.S. Bien sûr, si tu décides d'allaiter ton enfant, tu n'es pas obligée d'aller jusqu'au sevrage naturel. Qu'on se le dise : selon moi, l'allaitement, il faut que ça soit un plaisir pour le bébé ET la maman].

« Encore au sein ? Mais tu vas l'allaiter jusqu'à ses 18 ans ? »

PAR TA TANTE

Oui, je l'ai déjà prévenu : la dernière tétée sera celle avant son bac de philo. Mais que dirait Freud s'il entendait ça ? Vous avez deux heures.

« C’est pas la peine d’allaiter votre enfant, on n’est pas en Somalie. »

PAR LE MÉDECIN DE LA PMI[9]

Par contre, a priori, *le racisme ordinaire, c’est OK.*

9. PMI = Protection maternelle et infantile.

« Pour préparer ton allaitement, frotte tes seins avec une brosse à dents à poils durs. »

PAR TA TANTE

Marche aussi avec du papier de verre et des pierres ponces.

Évidemment, c'est faux : rien ne sert de préparer tes seins pour allaiter, car, *#flashinfo*, tes seins ne sont pas en cuir ! Et les tanner, à part être douloureux pour toi, ne fonctionnera pas...
En revanche, tu peux te faire des massages des seins pendant la grossesse, et ça... honnêtement, je n'ai aucune idée de l'utilité que ça peut avoir, mais en tout cas, ça ne fait pas de mal !

#jegardemesconseils

« Vaut mieux lui donner le biberon, pour que tu gardes une belle poitrine. »

PAR TOI

Ah, parce que quand on allaite, la poitrine prend la forme d'un biberon ?

Whaaaat?

« Si elle ne sort pas de dents, c'est à cause de l'allaitement. Ton sein est trop mou, faut lui donner des trucs à mâcher. »

PAR TA BELLE-MÈRE

Bien sûr. Je vais lui donner un petit os à ronger pour le dîner.

« Vous, les Blanches, vous avez la peau trop fine pour allaiter. »

PAR TA SAGE-FEMME

Du coup, les seins se percent pendant les tétées ?
C'est pas commode, en effet.

#conseilroudoudou

« Tu allaites encore ? C'est merveilleux ! »

PAR LA GRAND-MÈRE DE TON CONJOINT

« Pour sevrer ta fille, mets du piment sur tes tétons. Tu verras, ça la dégoûtera. »

PAR LA VOISINE

Fonctionne également avec du poivre, de la moutarde, du vinaigre et autres trucs que t'as – normalement – pas envie de faire subir à ton bébé.

« Ça ne sert à rien de donner le sein, vous êtes trop jeune pour avoir du lait. »

PAR UNE VIEILLE DAME AU SUPERMARCHÉ

Et vous, a priori, *vous êtes trop âgée pour donner des conseils en allaitement.*

« Ne lui donnez pas le sein, ça fait le nez plat. Les biberons sont justement faits pour éviter ça. »

PAR UN INCONNU AU RESTAURANT

Ah, je pensais que les biberons servaient à nourrir le bébé quand sa maman n'est pas là ou qu'il n'est pas allaité. Au temps pour moi.

NE LUI DONNEZ PAS LE SEIN, ÇA FAIT LE NEZ PLAT.
LES BIBERONS SONT JUSTEMENT FAITS POUR ÉVITER ÇA!

« Pour préparer vos seins à l'allaitement, vous pouvez porter un tee-shirt bien rêche sans soutien-gorge. »

PAR TA SAGE-FEMME

C'est bien, d'ailleurs ça fait double emploi, ça t'entraîne au no-bra[10].

10. Le *no-bra* : c'est le fait de ne pas porter de soutien-gorge. Ce terme vient de l'anglais, *bra* signifiant « soutien-gorge », et *no* signifiant « non » (incroyable, je me sens franchement bilingue après cette explication).

« Il va falloir qu'il quitte votre lit et que tu arrêtes d'allaiter pour redevenir la femme dont mon fils a besoin. »

PAR TA BELLE-MÈRE

Pardon belle-maman, mais... comment vous savez de quelle femme votre fils a besoin au lit ?

« Vous savez, pour produire du lait, faut boire du lait. »

PAR LA PHARMACIENNE

Et c'est d'ailleurs pour ça que les vaches ne boivent que du lait.

« Tu ne portes pas de soutien-gorge, du coup, ton lait est froid et elle a mal au ventre. »

PAR TA TANTE

Ah bah, il faudrait se mettre d'accord. Auparavant, ils disent qu'il faut mettre un tee-shirt rêche sans soutif pour préparer ses seins à l'allaitement.

Tu devrais manger de la farine pour épaissir ton lait qui n'est pas assez nourrissant. »

PAR TA TANTE

Je mange aussi des œufs, et comme ça, au pire, on fait des crêpes ?

#lescomptesàsuivre

« Certaines femmes pensent que les aliments que la maman mange passent directement dans le sein. En réalité, ce que la femme allaitante mange passe d'abord classiquement par son estomac et ses intestins. Ce sont les nutriments qui vont être acheminés vers le sein pour fournir au bébé tout ce dont il a besoin. Le lait maternel a cette propriété incroyable de s'adapter aux besoins de bébé en fonction de son âge, mais aussi de l'heure de la journée, et il évolue même durant une tétée ! »

PAR JULIE PIEDTENU, INFIRMIÈRE.
En formation pour devenir consultante en lactation. Formée aux freins restrictifs. Monitrice de portage. Retrouve-la sur son compte Instagram @ahauteurdenfant.

#conseilroudoudou

« Tu es belle quand tu allaites. »

PAR TON CONJOINT

YOU

« Tu allaites pour perdre tes kilos de grossesse ? »

PAR UNE COLLÈGUE

Non, j'allaite pour montrer mes seins.

« Mettez du citron sur vos mamelons, ça les durcira. »

PAR LE PÉDIATRE

Je mets aussi un peu de rhum et de la menthe pour faire un mojito ou pas ?

« Passez au lait en poudre et donnez-lui Modilac®. Les enfants sont maudits. »

PAR LE PÉDIATRE

Ah ouais, le pédiatre au bout de sa vie et son jeu de mots tordu.

L'HYGIÈNE

« Ah, mais en plus, ils ne sont pas autonettoyants ? »

Les enfants c'est... salissant ? Ah ouais ? SURPRISE ! Le bain, ça existe. C'est un peu flippant au début, puis finalement, la plupart du temps, c'est un moment sympa. Et c'est aussi à ce moment-là que tu te rends compte qu'il y a deux catégories de bébés : ceux qui sont calmes, détendus et qui profitent du bain pour se relaxer, et les autres, qui passent le moment du bain à projeter de l'eau dans l'intégralité de la salle de bains, provoquant une inondation générale et te forçant à te mettre en maillot de bain pour éviter d'avoir à te changer entièrement.

Sinon, s'il y a bien un truc d'hygiène auquel personne n'échappe en tant que parent, ce sont les couches (enfin, sauf si tu pratiques l'HNI). Les couches toutes seules, quand tu ne les as pas encore mises sur ton bébé, ça passe encore. Moi, je parle de changer les couches. Et comme si ce n'était pas assez relou de le faire une bonne dizaine de fois par jour au début (tu n'as pas encore d'enfant et on ne te l'avait pas dit ? Bah c'est fait), voilà que Jacqueline en remet une couche (ça, c'est de la blague !).

#lesinfospourbrilleralapéro

L'HNI, c'est l'acronyme d'hygiène naturelle infantile. Grosso modo, c'est une méthode qui vise à éliminer les couches en se basant sur un système de communication entre le bébé et son parent. Le but ? Observer ton bébé et trouver les signes qui indiquent qu'il va faire ses besoins AVANT QU'ILS LES FASSENT (c'est utile de préciser ça ?) pour lui permettre d'évacuer directement au-dessus des toilettes, du pot ou carrément en extérieur. Ceux qui arrivent à faire ça, ce sont de vrais ninjas. Ils ont mon respect éternel.

OMG!

« Mais pourquoi tu demandes à mon fils de changer la couche ? C'est à toi de le faire. »

PAR TA BELLE-MÈRE

Diantre, miséricorde, mais où avais-je la tête ?
J'ai dû m'assoupir un instant et oublier
que nous sommes encore en 1892.

« C'est pas la peine de changer sa couche, elle a juste fait pipi. »

PAR LA MAMIE DE TON HOMME

Et pour vous, mamie, quand vous serez sénile, on appliquera cette même méthode ?

C'EST PAS LA PEINE DE CHANGER SA COUCHE, ELLE A JUSTE FAIT PIPI.

« Pour faire partir les croûtes de lait, il faut lui étaler sa première couche du matin sur la tête. »

PAR TA MEILLEURE AMIE

La deuxième couche, quant à elle, est réservée pour l'acné du nourrisson.

#conseilroudoudou

« Continue d'affirmer tes positions. Tu m'impressionnes, et je suis fière de toi. »

PAR TA MÈRE

« Les couches lavables, c'est dégueulasse. Je ne voudrais pas laver mon linge dans l'eau de caca. »

PAR UNE AMIE

C'est clair, c'est déjà assez chiant d'aller au lavoir. Ah ? Un lave-linge lave désormais le linge à notre place ? Incroyable, la technologie.

« 2 ans et toujours pas propre ? Moi, les miens, à 1 an, ils l'étaient. »

PAR TA BELLE-MÈRE

Et moi, le mien, à 4 ans,
il passait déjà le permis.

"QUAND ILS SONT TRÈS SALES, METS UN BOUCHON DE JAVEL DANS LE BAIN."

« Quand ils sont très sales, mets un bouchon de javel dans le bain. »

PAR TA BELLE-MÈRE

Voilà. Et puis s'ils ont les dents très sales,
frotte l'intérieur de leur bouche avec un peu de lessive.

« Pour l'aider à faire caca, mettez un petit coton-tige trempé dans du savon dans son anus. »

PAR LE PÉDIATRE

Puis au pire, si ça ne marche pas,
il aura le trou de balle bien brillant.

« Remets-lui les couches quand il a seulement fait pipi. Tu feras des économies. »

PAR LA TANTE DE TON MARI

Ah, super technique ! Et ne change pas non plus l'eau du bain tant qu'elle n'est pas noire. Tu verras, ça aussi, c'est économique.

« Oh non, mais tu le couches comme ça. Ça va sécher et il va apprendre. »

PAR LA GRANDE SŒUR DU GARÇON DE 3 ANS QUE TU GARDES ET À QUI TU DEMANDES OÙ SONT LES DRAPS PROPRES SUITE À UN PIPI AU LIT

Changer les draps, quelle perte de temps !
Et puis, de toute façon, il s'en souviendra même pas.

LA SANTÉ

« Et parfois, ils sont même malades ? »

Quand je disais dans l'avant-propos que même ton banquier était devenu pédiatre (comment ça, tu n'as pas lu l'avant-propos ?), ce n'était pas une blague ! Eh oui, parfois, les bébés nous montrent (enfin, ils nous donnent à entendre par des hurlements plus ou moins tonitruants) qu'ils sont dans une position inconfortable, voire qu'ils ont carrément mal quelque part : les coliques, les dents, le ventre, la tête, le nez bouché ou l'oreille qui bourdonne... Bref, comme les adultes, il y a tout un tas de choses qui les mettent dans tous leurs états. Mais avec les bébés, on ne sait jamais avec précision, parce que *#flashinfo*, ils ne parlent pas, au départ. Alors, on est inquiet. On tâtonne. On essaie. Et si tout ce qu'on essaie ne marche pas... il peut arriver qu'on demande conseil à nos aînés, à notre cousine qui vient d'avoir un bébé, voire à la personne qu'on pensait *a priori* être la mieux placée pour nous aider : le pédiatre. Puis parfois, on se dit qu'on aurait mieux fait de ne rien demander du tout. Souvent, quand je reçois des conseils à propos de la santé, je me demande carrément comment l'humanité a survécu en suivant des principes aussi tordus.

« Des coliques de nouveau-né ? Bah, donne-lui un peu de coca. »

PAR TON PÈRE

Pas de chips, en revanche. Il n'a pas de dents, ce serait inconscient.

« Ne le laisse pas dehors. Il va avaler de l'air et avoir mal au ventre. »

PAR LA MAMIE DE TON CONJOINT

Oh mais oui, t'es dingue ! Fais attention, il risque même de respirer !

#conseilroudoudou

« Prends le temps qu'il te faudra. »

PAR TON COMPAGNON EN PARLANT DU RETOUR À LA SEXUALITÉ APRÈS TON ACCOUCHEMENT

« Si elle a de la fièvre, allonge-la toute nue sur le carrelage. »

PAR TON PÈRE

Et si jamais ça ne descend toujours pas, mets-la un petit quart d'heure au frigo.

« Mets-lui des chaussures pour pas que ses pieds s'étalent. »

PAR TA GRAND-MÈRE

Pourtant, les pieds étalés,
c'est très pratique pour la natation.

« Un peu de cognac au bout du doigt, on frotte et on n'en parle plus. »

PAR LE PÉDIATRE À PROPOS DES POUSSÉES DENTAIRES

Et si jamais ça ne marche pas,
buvez vous-même le reste de la bouteille de cognac,
et mettez un CD que vous aimez bien pour
que le temps passe plus vite.

« Tiens-la par les pieds, tête en bas et tape-lui dans le dos. Le hoquet passera. »

PAR TON BEAU-PÈRE

Ah oui, je ne connaissais pas cette technique.
C'est quand même pas la plus discrète si t'es en public.

« Mets-le sous antibio en préventif. Comme ça, t'es sûre qu'il ne sera pas malade pendant vos vacances. »

PAR TA BELLE-MÈRE

Les antibiotiques, c'est pas automatique.
Sauf si tu pars en vacances,
faut pas rater ta chance.

« J'en ausculte qu'une, comme ce sont les mêmes. »

PAR LE PÉDIATRE À PROPOS
DE TES JUMELLES

Super idée, docteur ! Et moi, du coup,
je paye moitié prix.

J'EN AUSCULTE QU'UNE,
COMME C'EST LES MÊMES.
Klowé

« Ta fille est toujours malade parce qu'elle a dû attraper froid dans ton ventre à la piscine. »

PAR TA TANTE

Tatie Jacqueline n'a toujours pas compris le principe du liquide amniotique on dirait.

« Gratte ses gencives avec une petite cuillère, ça fait sortir les dents plus vite. »

PAR TA MÈRE

Il y a aussi la version avec un morceau de sucre. Un classique. Pas douloureux en plus comme sensation.

**« Prends l'urine
de la première couche
du matin et mets-lui
dans la bouche.
Contre le muguet,
c'est radical. »**

PAR TA MÈRE

*En revanche, pour la mauvaise haleine,
cette technique n'a aucune efficacité.*

#conseilroudoudou

« J'ai de la chance d'être né dans tes bras et d'avoir fait de toi une maman. »

PAR TON FILS DE 6 ANS

YOU

« Ah, mais les bébés asiatiques font plus de jaunisses, ce sont les gènes. »

PAR LA PUÉRICULTRICE DE LA MATERNITÉ

Ah oui, d'accord. Et du coup
ceux qui ont des taches de rousseur,
ils font plus la varicelle ?

« Il est juste vivant, il suffit de s'en occuper. »

PAR LA PHARMACIENNE

Sérieux ? Il faut s'en occuper ?

« Bon, il est temps de baptiser ton bébé pour qu'il n'ait plus le risque de mort inattendue du nourrisson. »

PAR TA BELLE-MÈRE

Alors c'était donc ça, la solution !
Mais que fait le corps médical ?

« Tu lui mets encore des suppositoires ? Mais, t'as pas peur qu'il soit gay ? »

PAR TA SŒUR

Tant qu'il n'est pas homophobe,
c'est OK.

LE CHOC DES GÉNÉRATIONS

« Non mais tu sais, moi, de mon temps... »

Apprendre. C'est le travail principal du bébé et de l'enfant. Quand on pense à tout ce qu'ils doivent emmagasiner les premières années de leur vie... Absolument tout est une découverte ! Alors, bien sûr, on décide d'essayer de leur faciliter la vie, et de faire au mieux pour qu'ils deviennent des adultes respectueux et respectés... mais ce n'est pas toujours du goût de tatie Jacqueline et de Jean-Michel. Oui, parce qu'à chaque époque son évolution. Alors, bien sûr, à son époque, elle a fait autrement et elle te rabâchera que de toute façon, c'était la bonne chose à faire parce que ses enfants ne sont pas morts. C'est l'expression qu'on entend le plus souvent quand on ose défier les codes de la parentalité du temps de tonton Roger. Oui, mais tonton, « de ton temps », on pensait même que les bébés ne ressentaient pas la douleur : laisse-moi te dire qu'aujourd'hui, les pratiques et les connaissances ont « un peu » évolué. Et parfois, le choc des générations, ça pique. D'ailleurs, pour en revenir à l'expression « on a fait ça avec nos enfants, ils ne sont pas morts », pardon, mais j'aimerais bien, pour mes enfants, avoir un peu plus d'ambition que de juste les faire « survivre » à mes expériences parentales.

« Ça ne sert à rien de leur parler avant 1 an, ils ne comprennent rien. »

PAR L'ASSUREUR

Oui, il vaut mieux directement leur taper dessus pour que ça rentre.

"ÇA NE SERT À RIEN DE LEUR PARLER AVANT 1 AN, ILS NE COMPRENNENT RIEN."
OH QU'ILS SONT MIGNONS! VENEZ DIRE BONJOUR À MAMIE!
CONTINUEZ À FEINDRE L'INCOMPRÉHENSION SI VOUS VOULEZ ÉVITER LA GROSSE BISE QUI PIQUE...

« Ne le chatouille pas sous les pieds, il va être bègue. »

PAR TA BELLE-MÈRE

Quand j'ai voulu rechercher d'où venait
cette croyance que je reçois très très souvent
pour vous faire un petit #lesinfospourbrilleràlapéro,
je suis tombée sur une vidéo de Valérie Bègue
en train de montrer ses pieds.
True story... *Bref, j'ai lâché l'affaire.*
Si tu veux savoir d'où vient cette croyance :
cherche par toi-même.
Et si tu trouves une information,
n'hésite pas à me l'envoyer !

#conseilroudoudou

« J'adore voir des bébés portés, ils sont au meilleur des endroits. »

PAR LA VENDEUSE DU MARCHÉ

« La bienveillance, c’est bien, mais faut aussi passer par la violence pour arriver à ses fins. »

PAR TON PÈRE

La bienviolence.

« Faut pas le laisser jouer avec ça, c'est comme ça qu'on fait les homos. »

PAR LE VENDEUR D'UN MAGASIN DE JOUETS ALORS QUE TON FILS REGARDE LES POUPÉES BARBIE®

D'ailleurs, enlève-lui aussi cette peluche cheval des mains, c'est comme ça qu'on en fait des vétérinaires.

« Tu peux le mettre devant la télé, ils ne voient rien à cet âge-là. »

PAR LA FEMME DE TON MEILLEUR AMI
À PROPOS DE TON BÉBÉ DE 4 MOIS

Ils n'entendent rien non plus, donc tu peux le mettre devant la radio sans risque.

« Elle ressemble à un garçon. Vous devriez l'habiller en rose pour pas que l'on confonde. »

PAR TA BELLE-MÈRE

Et lui faire percer les oreilles aussi, bien sûr.

TU DEVRAIS FAIRE LE MÉNAGE PLUS SOUVENT POUR QUE TA FILLE COMPRENNE QU'ELLE DEVRA AUSSI LE FAIRE PLUS TARD.
Klowé

« Tu devrais faire le ménage plus souvent pour que ta fille comprenne qu'elle devra aussi le faire plus tard. »

PAR TA GRAND-MÈRE

Et la cuisine, la vaisselle et le linge.
Ah, et les courses, aussi.

« L'important dans la fessée, c'est de toujours expliquer pourquoi. »

PAR TA TANTE

Et l'important quand on coupe les ponts avec sa tante, c'est de toujours expliquer pourquoi.

« Si elle tire
les poils du chat,
tire-lui les cheveux,
elle comprendra. »

PAR TA BELLE-MÈRE

Et si elle te mord, mords-la.
Et crie-lui dessus pour lui faire comprendre
qu'il ne faut pas crier.

**« Pour qu'il parle,
il faut arrêter de signer avec lui.
Ça lui créera la frustration
d'être incompris, et il sera
obligé de s'y mettre. »**

PAR LE MÉDECIN DE LA CRÈCHE

#lescomptesàsuivre

« Le bébé est un être de communication, et bien avant de pouvoir parler, il entre en interaction avec son entourage grâce à ses pleurs, son regard, ses sourires, ses babillages et sa gestuelle. Lui proposer des signes, en complément de la parole, c'est offrir à son bébé un outil accessible et ludique pour exprimer ses besoins, ses goûts, ses ressentis... Cet outil lui permet de mieux comprendre les concepts, d'être acteur dans les échanges et de prendre goût à communiquer. Bébé se sent écouté, entendu et sa "parole", exprimée par les signes, est reconnue.

Ainsi observe-t-on souvent que les bébés qui ont bénéficié des signes parlent plus tôt et disposent d'un vocabulaire plus étoffé. Non seulement les signes ne retardent pas l'apparition de la parole, mais ils soutiennent même pleinement les compétences langagières du bébé. »

PAR ISABELLE COTTENCEAU,
FONDATRICE D'ÉVEIL ET SIGNES.

Retrouve-la sur son compte Instagram @eveiletsignes_off.

« Fais semblant de pas comprendre. Tu verras, quand elle en aura marre, elle finira par parler. »

PAR TA GRAND-MÈRE

Faut être sacrément bon comédien.

#conseilroudoudou

On fera ce que vous nous dites de faire. C'est vous les parents, on respecte vos choix.

PAR TES PARENTS QUI GARDENT TON BÉBÉ POUR LA PREMIÈRE FOIS

« Elles sont belles, vos jumelles ! Je peux mettre mon petit doigt dans leur bouche ? »

PAR UNE MAMIE AU MARCHÉ

Euh... non !

« On n'aurait pas parié dessus à la naissance, mais maintenant, ça va, il est normal. »

PAR LE GRAND-PÈRE DE TON CONJOINT

Et nous, on n'aurait pas parié vous revoir après la canicule de l'été dernier, papy. Comme quoi, tout arrive.

« Elle a le joli visage de son père et les grosses cuisses de sa mère. »

PAR LA MAMIE DE TON CONJOINT

En espérant qu'elle ait un peu plus de tact que son arrière-grand-mère.

LES PLEURS

« Oh non, mais ça, laisse,
ce sont des larmes de crocodile. »

Je ne t'apprends rien en te disant que, parfois, un bébé, ça pleure. Parfois beaucoup. Parfois longtemps. Si on sait aujourd'hui grâce aux dernières recherches en neurosciences qu'il est important d'accompagner tous les pleurs de nos bébés et de nos enfants, disons que les anciennes générations ne sont pas toujours de cet avis...

D'ailleurs, je ne t'apprends rien non plus en te disant qu'un bébé, ça ne pleure jamais pour rien. Mais c'est difficile (genre, vraiment difficile) de comprendre ce qui lui arrive : est-ce qu'il pleure parce qu'il a faim ? Ou soif ? Ou froid ? Ou parce que l'étiquette de son nouveau body lui gratte le dos ? Ou parce que ça fait une heure qu'il est allongé sur le même côté et qu'il a des fourmis dans le bras ? « Eh, oh, papa, qu'est-ce que tu attends pour me changer de position, là ? » Bref. Les pleurs, c'est compliqué. Mais pour autant, c'est important : c'est le meilleur moyen d'expression de ton bébé. Aussi, il existe une méthode pour décoder ces pleurs qui peuvent être répartis en cinq grandes catégories : faim, sommeil, rot coincé, colique/maux de ventre, inconfort. Je ne t'en dis pas plus, parce que ce n'est pas mon domaine d'expertise, mais perso, j'ai suivi un atelier sur cette méthode appelée le *Dustan Baby Language*, avec Aurore du compte Instagram @aurorecubier, et j'aurais adoré le faire avant la naissance de mon bébé !

#lescomptesàsuivre

Précision de la plus haute importance sur l'accompagnement des pleurs : « Parfois on a d'ailleurs tout tenté, et ce depuis très longtemps, sûrement trop pour notre moral et nos nerfs. On en arrive à se sentir exaspéré par les pleurs de ce bébé qu'on aime tant pourtant. Stop ! On s'arrête, on le pose en sécurité dans son lit, sur le dos, et exceptionnellement, on a le droit de le laisser pleurer quelques courtes minutes sans culpabiliser. À situation exceptionnelle, réaction exceptionnelle : s'éloigner de lui pour mieux le retrouver, pour un meilleur accompagnement, et parfois, sans même le savoir, pour lui sauver la vie. Le syndrome du bébé secoué, quésaco ? C'est un geste extrêmement violent dû à une perte de contrôle totale sur le bébé. Il est attrapé sous les épaules et secoué très fort par rapport à sa petite taille, et son cerveau vient taper à l'intérieur de sa boîte crânienne… Le cerveau saigne, des veines sont rompues et les séquelles sont irréversibles. Des centaines de bébés sont victimes de cette maltraitance chaque année en France. Certains en meurent, et ceux qui survivent en garde des séquelles à vie. »

PAR MAYA DE L'ASSOCIATION STOP BÉBÉ SECOUÉ.

Pour plus d'informations, tu peux consulter la page Instagram @stop_bebe_secoue.

« C’est important de le laisser pleurer pour qu’il découvre l’hormone du stress. Sinon, il ne saura pas la gérer plus tard. »

PAR TON MÉDECIN TRAITANT

Voilà, comme c’est important qu’il fume très tôt sa première cigarette, sinon il ne saura pas arrêter plus tard.

« C'est pas la peine de le prendre dès qu'il pleure, les bébés n'ont pas d'émotions. »

PAR TON PAPA

D'ailleurs, il paraît qu'ils ne sentent pas la douleur non plus.

#lesinfospourbrilleralapéro

À ce propos, tu savais que jusque dans les années 70, on était convaincus que les bébés ne souffraient pas ? Alors on les opérait sans anesthésie en se disant que, de toute façon, ils ne se souviendraient de rien plus tard ! Comme quoi parfois, la science, ça a vraiment du bon...

« Faut le traiter de fillette quand il pleurniche. Comme ça, il aura honte et se comportera comme un homme. »

PAR TON MARI

Carrément ! C'est tellement la honte d'être une fille.

« Il ne pleure pas assez, tape-le un peu pour qu'il se fasse les poumons. »

PAR TA BELLE-MÈRE

#lesinfospourbrilleralapéro

Cette croyance vient d'un test appelé « test d'Apgar », qui permet d'évaluer l'état des nouveau-nés dans les minutes qui suivent leur naissance. Plus le cri est vigoureux, mieux c'est, car cela indique que le bébé est en bonne santé. En vérité, le laisser pleurer ne fait pas les poumons d'un bébé, puisqu'à la naissance, quand le bébé naît à terme, les poumons font partie des organes déjà matures.

#jegardemesconseils

« S'il fait une crise de larmes, jette-lui un peu d'eau à la figure. »

PAR TOI

Whaaaat? 😨

#conseilroudoudou

« Quand je serai maman, j'aimerais être comme toi. »

PAR UNE AMIE

« Quand je serai maman,
j'aimerais être comme toi. »

« Les bébés, c'est comme les chiots : faut les laisser pleurer derrière la porte pour qu'ils comprennent. »

PAR TA BELLE-MÈRE

Qu'ils comprennent... quoi ?

« Laisse-le pleurer, ça lui fera une belle voix. »

PAR TA GRAND-MÈRE

Oh non ! Garou a dû tellement pleurer, le pauvre.

#jegardemesconseils

« Laisse-le pleurer un peu, ça va pas le tuer. »

PAR TOI À TA SŒUR ALORS QUE TU N'AVAIS PAS D'ENFANT. CQFD.

T'as vu, on en parlait tout à l'heure. Les « ultracrépidariens ».

WTF?

« Tu anticipes trop ses besoins, tu pourrais peut-être attendre qu'elle pleure un peu. »

PAR TA BELLE-MÈRE

Je propose de faire pareil avec vous : on va attendre que vous pleuriez un peu quand vous demandez à voir votre petite-fille.

« Si elle continue à te faire des caprices, fous-la sous l'eau glacée : tu verras, ça calme. »

PAR TA BELLE-MÈRE

#lescomptesàsuivre

« Nos parents ont pu croire que mettre une enfant sous une douche glacée la calmait, car alors, l'enfant s'immobilisait. En réalité, tout se figeait en elle – corps, cœur et cerveau –, car c'est la réaction naturelle d'un stress intense lorsqu'on est vraiment impuissant, lorsque fuite ou lutte sont impossibles. Ce que ne voyaient pas nos parents, ce sont les dégâts à long terme sur l'organisme de cette réaction de figement, sur le psychisme de l'enfant, et bien sûr sur la relation. L'adulte nomme "caprice" un comportement de l'enfant qu'il ne comprend pas, et face auquel il se sent impuissant. Quand cet adulte a lui-même été violenté dans son enfance, ce sentiment d'impuissance est intolérable, puisqu'il fait écho au figement impuissant qu'il a connu enfant. Punir, mettre sa fille sous l'eau glacée, c'est tenter de retrouver un peu de pouvoir pour lutter contre cette impuissance. »

PAR ISABELLE FILLIOZAT, PSYCHOTHÉRAPEUTE, AUTEURE, ET FONDATRICE DES ATELIERS FILLIOZAT.

Retrouve-la sur son compte Instagram @isabellefilliozat.

« Quand il fait une crise, mets-lui une fessée de la main gauche, ça évite d'y mettre trop de force. »

PAR TA COLLÈGUE DE BOULOT

Attention : cette technique ne marche que pour les droitiers. Évidemment, si tu es gaucher, fais l'inverse.

"QUAND IL FAIT UNE CRISE, METS LUI UNE FESSÉE DE LA MAIN GAUCHE, ÇA ÉVITE D'Y METTRE TROP DE FORCE..."
MERDE... C'EST LAQUELLE LA GAUCHE??

« C'est nouveau de pas laisser pleurer les bébés ? T'as lu ça dans un magazine féminin ? »

PAR TON SUPÉRIEUR HIÉRARCHIQUE

« Non, dans un livre de neurosciences. Pourquoi, tu lis Cosmopolitan, *toi ? »*

Cette super punchline est d'une abonnée de mon compte qui fait des ateliers cosmétiques naturels et zéro déchet à Angers : @atelier_ricochet_angers.
#rendonsàcésarcequiappartientàcésar

#conseilroudoudou

« Vous êtes une très belle maman. »

PAR UNE HÔTESSE DE CAISSE

« Il pleurait, alors je l'ai mis devant un miroir pour qu'il voie qu'il est moche quand il pleure. »

PAR TON PÈRE

Moi, j'en connais qui sont moches même quand ils ne sont pas devant un miroir.

LE PRÉNOM

« Et vous avez trouvé son prénom ?
Oui, c'est Marcelle. »

J'avais presque fini d'écrire ce livre, quand soudain, je me suis rendu compte que je n'avais pas évoqué un sujet capital dans la parentalité : le choix du prénom. Mais si, tu sais, cet ensemble de petites lettres ajoutées les unes à la suite des autres qui forment un mot qui accompagnera ton enfant TOUTE SA VIE. L'angoisse : et si mon enfant n'aime pas son prénom ? Et s'il veut changer ? Et moi, je l'aime bien maintenant, mais est-ce que je l'aimerai toujours autant dans cinq ans ?

Du coup, en y réfléchissant, je trouve la méthode de certaines cultures assez pratique : tous les hommes de la famille ont le même prénom, et toutes les femmes aussi. Hop ! pas embêté comme ça. Non, parce que, on est d'accord, trouver un prénom, c'est pire que d'essayer de boire un verre d'eau à l'envers sans en reverser une goutte par terre. Si on était tout seul à choisir, ça irait encore « à peu près ». Se mettre d'accord avec soi-même, il y a pire comme épreuve. Mais là, bien souvent, on est deux. Trop moche, trop long, trop court, trop vieux, trop courant, trop trop trop... Et personnellement, mon chéri est parti dans des recherches beaucoup plus alambiquées du genre : associer le prénom et le nom de famille ainsi que tous les diminutifs possibles pour voir si les futurs amis de notre fille pourraient se moquer d'elle d'une façon ou d'une autre. Ainsi, on avait interdiction de choisir un prénom commençant par la lettre P, au risque

que, sur les copies à rendre à l'école notre fille, qui porterait le nom de famille paternel, doive y faire figurer ses initiales « P.Q. ». Ravissant.

Toute cette petite discussion, ça peut être un jeu pendant neuf mois. Genre, vraiment neuf mois complets. Ici, alors qu'on était en route pour la maternité, mon mec s'est tourné vers moi avec une tête mi-inquiète, mi-dégoûtée, et m'a dit : « Mais attends, t'es sûre qu'on l'appelle comme ça ? » Hyper-rassurant.

Et quand c'est un jeu entre les deux parents, ça passe encore. Mais tout se corse quand l'entourage entre dans la partie. Si tu décides de divulguer le prénom de ton bébé avant sa naissance, il n'est pas impossible que tu te prennes des remarques : « Mais enfin, tu ne vas quand même pas l'appeler comme ça, si ? », « Ah, vraiment, c'est pas lui rendre service », « Ah bon ? Mais ça rime avec anus ! » Et même : « Non, mais c'est normal qu'il ne veuille pas sortir. T'as vu le prénom que vous allez lui donner ! »

Et alors, si tu décides de ne pas donner le prénom de ton bébé, attends-toi aussi à être emmerdé. Tu passeras de longues soirées/journées/mois à faire des suppositions qui te feront tantôt rire, tantôt paniquer. Et si, par hasard, ton entourage tombe sur le bon prénom lors de sa quête, tu seras ravi d'apprendre qu'ils le détestent grâce à ta cousine qui fait mine de vomir. Formidable !

Bref, moi, mes parents, pour être tranquilles, ils avaient dit à tout le monde que mon prénom, ça serait Marcelle.

« C’est drôle, son prénom ne va pas avec sa tête. Vous auriez plutôt dû l’appeler Lola. »

PAR UNE CONNAISSANCE

Ah, toi, c’est ta tête qui ne va pas avec ton corps. C’est drôle aussi.

« Léo ? C'est un prénom de fainéant, il n'a que trois lettres. »

PAR TON BEAU-PÈRE

Et donc, si tu t'appelles Mélisande ou Constantin, t'es forcément une vraie pile électrique ?

« Oh, c'est un joli prénom ! Bon, pas pour un enfant, mais pour une petite chienne, pourquoi pas ! »

PAR UNE DAME DANS LA SALLE D'ATTENTE
CHEZ TA SAGE-FEMME,
ALORS QUE TU AS TA FILLE DANS LES BRAS

Euh, merci ?

« Lucien, avec F ou PH ? »

PAR UN VIEUX MONSIEUR
LORS D'UN REPAS COMMUNAUTAIRE

Bon, alors, comment dire, monsieur...
Cette blague fonctionne uniquement avec les prénoms contenant le son [f].

LUCIEN?
AVEC UN "F" OU "PH"?
HEU... ALORS NON.
NI AVEC UN "K",
NI AVEC UN "V"
NON PLUS D'AILLEURS...
Klowé.

« Et sinon, son vrai prénom, c'est quoi ? »

PAR TES BEAUX-PARENTS

Je viens de mettre au monde un enfant,
j'ai une tête à faire des blagues ?

« Titouan ? C'est son nom de famille ? Ah, son prénom… Bah d'accord, on aura tout vu. »

PAR LA VENDEUSE D'UNE BOUTIQUE DE DÉCORATION

On aura même vu une vendeuse qui ne connaît pas le prénom Titouan.

« Pierre. Oh, c'est dur, Pierre. Mais bon, il y a pire. J'ai entendu Arthur, l'autre jour ! »

PAR TA BELLE-MÈRE

Mais oui, quelle horreur !
Moi j'ai même entendu un bébé qui avait le même prénom que vous, belle-maman. Le pauvre.

« Vous avez encore le temps de le changer ? »

PAR TA MÈRE

Bien sûr, qu'est-ce qui te ferait plaisir maman ?
Plutôt Juliette ? Amandine ? Carole ?
Dis-nous !

« Oh non, tu ne peux pas l'appeler comme ça ! J'en connais une et elle est moche ! »

PAR TA MEILLEURE AMIE

Quelle superbe technique : juger le physique de chaque personne qui porte un prénom présent dans votre liste. Ça facilite incroyablement le choix du prénom. Il n'en reste plus aucun, d'ailleurs.

« C'est le même nom que mon ancien chien. Et en plus, il était con. »

PAR UN AMI

Tel maître, tel... Oh, c'est pas moi qui le dis, c'est l'expression !

« Marius ? Mais ça rime avec anus ! »

PAR TA BELLE-MÈRE

Oui, et belle-mère, ça rime avec sphincter, enfer, austère et camembert...

LE SOMMEIL

Dormir comme un bébé... Qui a inventé cette expression ?

Ah, dormir... Si tu es jeune parent, c'est sûrement un gros sujet de discussion dans ton foyer... Et je ne t'apprends rien si je te dis que c'est aussi un des sujets les plus importants de la parentalité tout court !

Toi aussi tu as remarqué que, parfois, avant même de savoir comment ton bébé s'appelle, Jean-Mich t'a déjà demandé s'il faisait ses nuits ? Je n'explique pas ce phénomène. En plus, personne ne sait vraiment ce que ça veut dire « faire ses nuits »... Moi, à vingt-huit ans, je me réveille encore la nuit, même souvent plusieurs fois. Ça veut dire que je ne fais pas encore mes nuits, alors ?

Je le dis souvent : avant d'avoir un enfant, je ne savais pas ce que c'était d'être vraiment fatiguée. Je croyais que si, quand je rentrais de soirée trop tard, que j'avais la gueule de bois et qu'il fallait être présentable pour le repas de famille du dimanche midi (enfin, je croyais que j'étais présentable). Alors maintenant, j'ai plus la gueule de bois, parce que de toute façon j'ai tellement arrêté l'alcool qu'une demi-bière suffit à me mettre pompette. Maintenant, j'ai une *#gueuledelavelinge*. C'est quand ta nuit a été tellement pourrie que tu te lèves le matin en ayant l'impression d'être passé dans un lave-linge. Pas super fraîche, quoi. Pitié, je voudrais juste dormir deux ou trois ans d'affilée.

D'ailleurs, plus sérieusement, en passant par-là : le sommeil est, pour moi, un sujet majeur de la parentalité. Et scoop : il n'existe AUCUNE technique miracle pour faire dormir les bébés. Certains dorment bien, d'autres moins bien, certains dorment longtemps, d'autres moins longtemps, et chaque bébé est différent, même au sein d'une même fratrie. Une chose est sûre : n'écoute pas les personnes qui te conseilleront les méthodes « miracles ». Ces méthodes sont d'un autre temps. La seule vraie méthode pour moi : connaître le fonctionnement du sommeil des enfants. Il varie beaucoup, et surtout, il est très différent de celui d'un adulte. Et puis, pour les nuits particulièrement difficiles, dis-toi bien qu'un jour, tu pourras réveiller ton ado à sept heures du matin un lendemain de soirée en passant l'aspirateur, pour te venger.

« S'il n'arrive pas à dormir seul, donnez-lui un peu de sirop contre la toux, ça les assomme. »

PAR LE PHARMACIEN

Ouais, un gourdin aussi, ça assomme.

« Mets un petit sparadrap pour pas que sa tétine tombe, ça t'évite de te lever la nuit. »

PAR TA BELLE-MÈRE

Oui, ou alors tu le bâillonnes et tu l'attaches dans son lit. C'est plus radical.

« Si elle vous réveille la nuit, faudrait peut-être lui mettre une bonne petite fessée pour qu'elle comprenne que la nuit, on dort. »

PAR TA MAMIE

De la main gauche ou de la main droite, du coup ?

« Si elle ne veut pas dormir, mets-la au soleil. Elle sera obligée de fermer les yeux. »

PAR TA MÈRE

Et où est-ce qu'il faut te mettre toi, maman, pour que tu fermes la bouche ?

"SI ELLE VEUT PAS DORMIR, METS-LA AU SOLEIL, ELLE SERA OBLIGÉE DE FERMER LES YEUX."
MOUAIS...
ON RÉESSAYERA UN JOUR DE PLUIE...
Klaové.

« Nous, on cousait la gigoteuse aux draps pour éviter qu'ils se retournent. »

PAR TA BELLE-MÈRE

La gigoteuse dans laquelle tu ne peux plus gigoter.

« Laisse-la les fesses à l'air jusqu'à minuit, elle fera de belles nuits. »

PAR TA TANTE

C'est beaucoup moins fun si ton enfant n'est pas encore continent.

« C'est ça, le problème des jumeaux : tu ne peux pas en laisser pleurer un, sinon ça réveille l'autre. »

PAR TA BELLE-MÈRE

C'est ça, le problème avec les belles-mères :
tu ne peux pas les laisser parler
sans qu'elles sortent des âneries.

#conseilroudoudou

« Notre fille ne pouvait pas avoir meilleure maman. »

PAR TON CONJOINT

« Dormir avec elle ? Mais tu vas nous en faire une pourrie gâtée ! »

PAR TON AMIE ALORS QUE TON BÉBÉ
N'EST PAS ENCORE NÉ

Ouais, ou un bébé rassuré et heureux ?

« Ne lui fais pas faire la sieste. Tu verras, elle dormira mieux la nuit. »

PAR TA MÈRE

#lescomptesàsuivre

« Très simplement, plus un enfant dort, mieux il dort. Un enfant qui ne dort pas est un enfant trop fatigué. Qui dit trop fatigué dit trop énervé. Qui dit énervé dit cortisol, l'hormone du stress. De fait, la production de mélatonine est inhibée par le cortisol, et il est donc plus difficile de trouver et d'enchaîner les cycles tout au long de la nuit ! »

PAR FLORENCE PINON,
SPÉCIALISTE DU SOMMEIL,
diplômée Maternity and Child Sleep consultant au Parenting and Health Institute de Montréal. Retrouve-la sur son compte Instagram @bebe.au.calme.

« Pour qu'il fasse ses nuits, lave ses habits et laisse-les sécher à l'envers un jeudi. »

PAR TA GRAND-MÈRE

Après un essai collectif avec plusieurs abonnés du compte Instagram @gardetesconseils, je suis au regret de vous informer que cette technique ne marche absolument pas. Comment ça, on était vraiment au bout du rouleau pour en arriver à tester ça ?

« Ne la laisse pas en pyjama toute la journée, elle va confondre le jour et la nuit. »

PAR TA GRAND-MÈRE

Le pouvoir des textiles techniques qui indiquent même l'heure à ton bébé. Rien n'arrête le progrès.

« Ce serait bien de décaler le réveil de vos enfants d'une heure, le week-end... »

PAR LE VOISIN

Ah oui, alors attends, je cherche le mode d'emploi de mes enfants, parce que je ne sais plus comment on fait.

"CE SERAIT BIEN DE DÉCALER LE RÉVEIL DE VOS ENFANTS D'UNE HEURE LE WEEK-END."
VOILÀ Mme MICHEL, J'AI PRIS DE L'AVANCE SUR LE CHANGEMENT D'HEURE...
...VOUS ÊTES TRANQUILLE POUR LES 6 PROCHAINS MOIS.
Klavé.

« Laisse-la pleurer. Normalement ça dure vingt ou trente minutes, et après elle s'endort, c'est normal. »

PAR TA COUSINE, ALORS QUE TU GARDES SON BÉBÉ DE 4 MOIS POUR LA PREMIÈRE FOIS

#lescomptesàsuivre

« Laisser pleurer les enfants pour qu'ils s'endorment est un non-sens. On sait aujourd'hui qu'un enfant pleure pour ses besoins. Lorsqu'on n'y répond pas et qu'ils finissent par s'endormir de cette manière, il a été prouvé qu'ils n'ont pas simplement appris à s'endormir seuls : ils ont appris qu'on ne répondrait pas à leur appel. De fait, ils se taisent. Les conséquences sont nombreuses. La plus courante est le sentiment d'insécurité permanent et le manque de confiance en soi [on le constate bien avec notre génération qui a un gros manque de confiance en elle !]. Notre travail de parent est au contraire de construire cette confiance. En eux, en nous. C'est de cette manière qu'ils auront de moins en moins besoin de nous pour s'endormir ! Ça prend plus de temps, certes. Mais ça en vaut largement la peine. »

PAR FLORENCE PINON,
SPÉCIALISTE DU SOMMEIL,
diplômée Maternity and Child Sleep consultant au Parenting and Health Institute de Montréal.
Retrouve-la sur son compte Instagram @bebe.au.calme.

**« Oh la la, pas de cododo !
Faut qu'il dorme dans son lit
ou vous n'allez jamais
vous en défaire. »**

PAR LA PUÉRICULTRICE DE LA PMI
À PROPOS DE TON BÉBÉ DE 4 MOIS

*C'est marrant ça, parce que moi, naïvement,
je pensais que de toute façon, les enfants, on ne s'en défaisait pas au
moins jusqu'à leur majorité.*

#conseilroudoudou

« Il n'y a pas de bonne ou de mauvaise façon de faire. La tienne est la meilleure pour ton bébé. »

PAR TA MAMAN

« Bon, il ne tousse pas, mais au moins, il dormira. »

PAR TON PÉDIATRE QUI PRESCRIT
DU TOPLEXIL® À TON BÉBÉ

Sinon, j'ai un fond de champagne à la maison : comme ça, on ne creuse même pas le trou de la Sécu !

LES DÉPLACEMENTS

« En voiture, Simone ! »

Laisse-moi t'apprendre un scoop : en naissant, ton bébé n'a pas la fonction « déplacement » intégrée. Alors, il va falloir que toi, adulte, qui peux désormais te déplacer, déplaces aussi ton bébé à l'intérieur de ta maison et même à l'extérieur (ben voyons !). Si on m'avait dit ça plus tôt, j'aurais demandé à accoucher d'un poulain : eux au moins, ils marchent dès la naissance. (*No way*, c'est une blague. T'as vu la taille d'un poulain à la naissance ? Haha !)

Partant de ces constatations, plusieurs choix s'offrent à toi : prendre ton bébé dans tes bras, le mettre dans une écharpe de portage, dans un porte-bébé ou dans une poussette... Tu ne manqueras pas de choix ! Et pour transporter ton bébé de ta maison à un autre endroit un peu trop loin pour s'y rendre à pied, il faudra aussi t'équiper d'un siège auto si tu souhaites prendre la voiture. Et la sécurité routière, quel doux sujet ! Quand on sait qu'une bonne majorité de nos rejetons sont mal ficelés en voiture, ça donne envie de s'y arrêter deux secondes. Alors on se renseigne sur plein de sites, et s'il y en a bien un qui est super complet, c'est Sécurange. « Non mais avant, j'veux dire, on n'en faisait pas tout un plat, ça faisait de la sélection naturelle », t'annonce fièrement Jean-Mich. Ah ouais, super rassurant.

Bref, grâce à toutes les options qu'on va devoir choisir pour transporter nos enfants, on aura le droit à une flopée de remarques. Bah oui, plus d'options = plus de conseils.

#lescomptesàsuivre

Ah oui, au fait, le portage physiologique, tu connais ? « Le portage dit "physiologique" est celui qui respecte au maximum la posture naturelle de l'enfant lorsqu'il est porté dans les bras, en fonction de son âge, de son tonus, de sa colonne vertébrale, de son ouverture de bassin, de ses capacités musculaires, de son éveil, etc. On cherche donc à conserver cette position, même avec un moyen de portage qui se doit d'être adapté. C'est aussi un portage respectueux du corps du porteur : le corps ne compense pas le poids du bébé, puisque le portage (à bras ou avec un moyen de portage) sera optimal et réparti. N'hésitez pas à vous rapprocher d'une monitrice certifiée afin d'avoir les informations nécessaires. »

PAR BETTY VAN AKEN, INFIRMIÈRE ET MONITRICE DE PORTAGE PHYSIOLOGIQUE.
Retrouve-la sur son compte Instagram @betty_petitspandaszen.

« Fais comme moi pour pas qu'il ait le vice des bras : quand mon fils est né, je ne l'ai pas touché pendant une semaine. »

PAR TA BELLE-MÈRE

Super, belle-maman. Et si je ne vous parle pas pendant un mois, vous arrêterez d'avoir le vice du conseil non sollicité ?

« Mets le porte-bébé un petit coup au four micro-ondes, elle aura plus chaud pendant la balade. »

PAR TON PÈRE

Avant d'y avoir installé bébé ou après ?

« C'est parce que vous n'aviez pas d'argent pour acheter une poussette que vous le portez dans un bout de tissu ? »

PAR TON ONCLE

C'est ça, du coup on le porte avec un rideau.

#lescomptesàsuivre

« Si seulement un bout de tissu quelconque pouvait servir de moyen de portage, nous ferions de belles économies ! Les écharpes de portage sont fabriquées dans des tissus spéciaux, alliant soutien et élasticité pour la sécurité de vos bébés. Ils sont colorés avec des teintures sans métaux lourds et adaptés au contact avec la peau de bébé. Voilà pourquoi il n'est pas conseillé de porter bébé dans un bout de tissu ;). »

PAR AMÉLIE COULON,
MONITRICE DE PORTAGE ET CRÉATRICE DE VÊTEMENTS D'ALLAITEMENT.
Retrouve-la sur son compte Instagram @tziganette.

« Vous devriez le porter uniquement allongé. Vous savez, les bébés naissent sans colonne vertébrale. »

PAR UNE INCONNUE DANS LA RUE

C'est bien connu d'ailleurs : l'être humain fait partie de la famille des invertébrés.

« C'est normal qu'il ne marche pas, tu le portes tout le temps. »

PAR TA MÈRE

#lescomptesàsuivre

« Tous les humains sont programmés pour marcher un jour, c'est inscrit dans notre programme génétique. Le portage ne perturbe en rien ce processus ; au contraire, il le prépare. Il arrive toujours un moment où le bébé devient de plus en plus intéressé par l'exploration de son environnement et de moins en moins demandeur d'être porté (parfois au grand désespoir de ses parents). »

PAR MELODY PIGOT, MONITRICE ET FORMATRICE EN PORTAGE PHYSIOLOGIQUE.

Retrouve-la sur son compte Instagram @melodypigot.

« J'ai entendu dire que des enfants étaient morts là-dedans. »

PAR TA BELLE-MÈRE ALORS QUE TU INSTALLES TON BÉBÉ EN ÉCHARPE

Moi, j'ai entendu dire que des gens étaient morts en restant dans leur canapé, votre activité préférée !

« Faites attention, il est beaucoup sur vous en écharpe. Un bébé, ça se tasse. »

PAR TA FEMME DE MÉNAGE

Ah bon ? C'est pas quand on est vieux qu'on se tasse ?

#conseilroudoudou

On vous souhaite d'être au moins aussi heureux que nous.

PAR TES GRANDS-PARENTS
À L'ANNONCE DE TA GROSSESSE

« Méfiez-vous des enfants portés, ils deviennent pot de colle. »

PAR TON MÉDECIN TRAITANT

#lescomptesàsuivre

« On ne peut pas "gâter" un bébé. Au contraire, en portant son enfant, on construit sa sécurité affective. C'est la base de la théorie de l'attachement : une fois que l'enfant est rassuré sur son lien avec sa figure primaire d'attachement, il peut aller explorer le monde et prendre de l'autonomie. Il ne s'agit pas de répondre à une envie ou encore à un "caprice" du bébé, mais de combler un besoin vital : celui de se sentir aimé et en sécurité. »

PAR MELODY PIGOT, MONITRICE ET FORMATRICE EN PORTAGE PHYSIOLOGIQUE.
Retrouve-la sur son compte Instagram @melodypigot.

« Si vous l'aviez dressé correctement dès le départ, il ne serait pas sans cesse en train de réclamer les bras. »

PAR TA GRAND-MÈRE

Mais c'est vrai, ça ! Il aurait même peut-être déjà appris à donner la patte.

« Non, mais à un an, en voiture, faut encore le prendre sur les genoux, hein. »

PAR TON PAPI

Et un petit coup de frein trop fort, et je retrouve mes nuits paisibles ! (T'as vu, ce livre est incroyable, on peut si facilement relier chaque partie entre elles en croisant les conseils.)

« Pas besoin de l’attacher dans le siège auto, on n’a que cinq minutes de trajet. »

PAR TON MARI

Oui, puis d’ailleurs, pourquoi pas
le faire courir derrière la voiture finalement.
On est si proche de la maison.

PAS LA PEINE DE L'ATTACHER DANS LE SIÈGE AUTO, ON N'A QUE 5 MINUTES DE TRAJET...
Kloué.

« Faut pas s'étonner si les bébés d'aujourd'hui ne s'éveillent pas. Vous les mettez tous dos à la route, ils ne voient même pas le paysage. »

PAR TA MÈRE

Et d'ailleurs, je ne vous explique pas l'état de ceux dont les parents n'ont pas de voiture et qui prennent seulement le métro : de vrais mollusques.

#lesinfospourbrilleralapéro

Petit encart sécurité routière, comme ça, l'air de rien : tu savais que le dos à la route est cinq fois plus sécuritaire pour les enfants ? Et qu'il est recommandé jusqu'aux quatre ans de l'enfant minimum ? Pour plus d'informations : www.securange.fr

« J'ai pas réussi à fixer le siège auto, mais le voisin m'a prêté des tendeurs. »

PAR TA BELLE-MÈRE

Des tendeurs... des élastiques, quoi !
Hyper-sécurisant.

« Oh, pour 500 mètres, tu le mets en écharpe de portage et tu attaches ta ceinture. »

PAR TA BELLE-MÈRE

Oh, pour 500 mètres, belle-maman, vous allez marcher. Ça vous laissera même le temps de réfléchir à tout ça.

« Ils dorment. Mets-les dans ton coffre, tu ne vas pas loin. »

PAR TON BEAU-PÈRE

Oh non, je préfère les laisser chez vous pour ne pas risquer de les réveiller. Ils se lèvent vers 5 h 45 le dimanche. À demain !

#conseilroudoudou

« Je vous prescris des bisous, des câlins et de l'amour. C'est tout ce dont il a besoin, ce bébé. »

PAR LE PÉDIATRE

« Un couffin bien calé avec le siège de devant et c'est bon !

PAR TA BELLE-MÈRE

C'est ce qui a été fait pour vous, non ?
Ça expliquerait bien des choses.

L'ALIMENTATION

« Ah ouais, faut aussi les faire manger ? »

Au début, les bébés, c'est pratique, ça mange toujours la même chose : du lait. « On mange quoi ce soir, mon bébé ? » Facile, du lait ! Super, c'est vite prêt. Il y a quand même tonton Roger qui s'inquiète parce que ça fait six mois que ton bébé mange la même chose et qu'il doit en avoir marre (eh, tonton, toi ça fait quand même cinquante-trois ans que tu bois du pastis, t'en as pas marre ?).

Mais au-delà de 6 mois (c'est une moyenne, c'est parfois avant et parfois après), il faut leur faire manger ce qu'on appelle « du solide ». Des vrais trucs, quoi. De la vraie boustifaille. Et là, encore une fois, on entend de tout.

Rassure-toi : oui ton bébé va se salir, te salir, salir l'entièreté de ta maison juste en mangeant. C'est une étape normale. Sauf chez tatie Jacqueline, dont les enfants ont mangé proprement et avec des couverts dès le premier repas, selon ses dires...

« Pour la diversification, on démarre par une purée de légumes à laquelle on ajoute du roquefort : ça l'habitue aux goûts prononcés. »

PAR LE PÉDIATRE

Ah bon ? On ne démarre pas par une raclette ?

« On n'est pas au Maroc ici, apprenez-lui à manger avec des couverts. »

PAR LA DIRECTRICE DE LA CRÈCHE

#lescomptesàsuivre

« Moi, je mange avec les doigts. Et tant pis si j'en mets partout, l'important ce n'est pas ça. Mais que je découvre des goûûûts » : j'ai mis plusieurs « û », parce que c'est le refrain de la superbe chanson Je mange avec les doigts de la belle Mathilde, que tu peux retrouver sur son compte

Instagram @laurelbang.

« Pour qu'il mange bien, faut le choquer : dès qu'il arrête, tu lui cries dessus. »

PAR TON MARI

Et c'est comme ça que commencent les problèmes avec la bouffe.

"POUR QU'IL MANGE BIEN, IL FAUT LE CHOQUER : DÈS QU'IL ARRÊTE, TU LUI CRIES DESSUS."
C'EST ÇA, MÂCHE.
JE T'AI À L'OEIL.
Klové.

« Ne lui donne surtout pas de morceaux, ça va lui agrandir la trachée ! »

PAR TA GRAND-MÈRE

Ah tiens, c'est marrant !
Moi, je pensais que la trachée, c'était fait pour respirer.

« 12 mois et elle n'a pas goûté les frites ? Tu ne viendras pas te plaindre si elle a du retard. »

PAR TA BELLE-MÈRE

12 mois et elle a déjà mangé au do-mac et à la pizzeria : la mienne, en revanche, va être sacrément surdouée.

« Ne lui donne pas trop de produits bio, il ne pourra pas faire ses défenses immunitaires. »

PAR UN COLLÈGUE

Chez moi, on dit qu'une personne est un peu bio, c'est-à-dire « sans matière grise ajoutée ».

« Ne lui fais pas manger que bio, il ne pourra jamais manger de l'industriel. »

PAR TA TANTE

Et ça, tata, c'est vraiment problématique : je ne pourrai jamais te le laisser. Quel dommage !

#conseilroudoudou

« On espère qu'on sera comme vous quand on aura des enfants. »

PAR DES AMIS

« Si tu veux qu'elle ait plus d'appétit, donne-lui un sucre imbibé de rhum. Après ça, tu verras, elle aura faim. »

PAR TA VOISINE

Et n'oublie pas le trou normand entre deux plats, surtout !

WTF?

#jegardemesconseils

« Faut le forcer à finir son assiette même s'il n'aime pas, sinon il ne mangera rien plus tard. »

PAR TOI

#lescomptesàsuivre

« Oui, on peut le forcer si on veut développer chez son enfant des troubles dans le comportement alimentaire. Oui, on peut le forcer si on veut qu'il ne ressente plus la sensation de faim et de satiété innée chez les bébés. Oui, on peut le forcer si on veut qu'il développe une mention négative autour du repas et en oublie que cela est un moment convivial de découverte alimentaire. Oui, on peut le forcer si on ne veut pas observer et comprendre ce qu'il nous montre au travers de son refus (fatigue, douleurs, chaleur, gênes, difficultés sensorielles, difficultés motrices...). Oui, on peut le forcer si on veut perturber ses capacités sociales alimentaires dans sa future vie d'adulte. Accompagner son enfant dans la diversification, c'est respecter son rythme, sa faim, ses préférences et ses difficultés... »

PAR MARIE RUFFIER BOURDET, ERGOTHÉRAPEUTE SPÉCIALISÉE EN PÉDIATRIE.

Retrouve-la sur son compte Instagram @ergomums.

« Ta fille n'a pas de cheveux... T'es sûre que tu lui donnes assez d'eau ? »

PAR TA BELLE-MÈRE

Ah mais, c'est donc ça le secret : il faut l'arroser ?

TA FILLE N'A PAS DE CHEVEUX... TU NE DOIS PAS LUI DONNER ASSEZ D'EAU.
KRONÉ

« Si vous ne l'affamez pas, c'est normal qu'elle ne mange pas. »

PAR TON PÉDIATRE

OK. Faut lui donner à boire, quand même, durant sa semaine d'affamement ?

« Les enfants, jusqu'à 18 ans, ils doivent boire du lait de vache. Il contient des éléments essentiels qu'il n'y a pas dans le lait maternel. »

PAR L'ASSISTANTE MATERNELLE

Et grâce à tous ces nutriments de vache, mon enfant sera un beau petit veau bien vigoureux.

« Si ton mari te réveille en pleine nuit pour un cassoulet, tu ne vas pas lui faire. Ta fille, c'est pareil, elle attendra demain. »

PAR TON MARI

Cependant, si ton mari te demande un cassoulet à 11 heures du matin, fais-lui. Car tu es une femme et as le devoir de remplir le ventre de ton mari. Bienvenue en 1904.

« Il faut lui donner de la viande, sinon, ses canines ne vont pas sortir. »

PAR LA GRAND-MÈRE DE TON CONJOINT

Ah oui, ça explique que les végétariens aient tous deux trous à la place des canines. Les vegans, quant à eux, ils n'ont carrément pas une seule dent. Incroyable, non ?

LA MOTRICITÉ LIBRE

« On va bouger bouger ! »

« Non mais je vous jure, les jeunes d'aujourd'hui, ils passent leur temps à inventer des concepts insensés. La motricité libre ? Laisser les enfants maîtriser leur développement moteur à leur rythme et sans entrave ? Mais enfin... comment les enfants vont-ils apprendre à s'asseoir si on ne les cale pas avec des coussins ? Et comment vont-ils faire pour apprendre à se mettre debout s'ils n'ont même pas de parc ? En plus, tu le laisses par terre, avec la poussière et les insectes ? » Ah, tatie Jacqueline...

Je grossis à peine le trait. En vrai, je ne grossis pas du tout le trait. Si la motricité libre tend à se banaliser, ce n'est pas encore le cas chez tout le monde. Et parfois, on a envie d'aider les bébés, et finalement, on les entrave. Sans le savoir. Quelquefois, en le sachant. Parce que, avouons-le, des fois, on aurait envie qu'ils bougent un peu moins, nos enfants (mais si, tu sais, pour que tu aies le temps d'aller aux toilettes tranquille ou de boire un thé chaud. Un thé chaud ? Je me rappelle même plus quel goût ça a).

« Si tu l'habitues à tomber sur du mou, il ne comprendra pas que c'est dangereux. Il faut qu'il ait mal. »

PAR TA GRAND-MÈRE QUI APERÇOIT LE TAPIS D'ÉVEIL

Je mets des clous dans la housse du tapis, alors ?

« Faut le forcer à s'asseoir, sinon, il va être tout mou. »

PAR TA VOISINE À PROPOS DE TON BÉBÉ DE 4 MOIS

Mon enfant, ce mollusque.

« Pour qu'il apprenne à se mettre debout, mets-le dans un parc. »

PAR TON PÈRE

Parce que contre un canapé ou une chaise, c'est hyper-risqué.

#conseilroudoudou

« La grossesse te va tellement bien, tu es rayonnante. »

PAR UNE AMIE

« Pousse-la dans les escaliers pour qu'elle comprenne que c'est dangereux, mais retiens-la avant la chute. »

PAR TA BELLE-MÈRE

Oui. Et pour qu'elle comprenne que le four est chaud, tu lui poses la main dessus, mais tu la retires avant qu'elle soit complètement brûlée. Technique, hein ?

« POUSSE-LA DANS LES ESCALIERS POUR QU'ELLE COMPRENNE QUE C'EST DANGEREUX...
ET ?
...MAIS TU LA RETIENS AVANT LA CHUTE. »
MERDE.
MANUEL DE BELLE MAMAN
BAM
KLOWNÉ

« Bientôt 1 an et il ne marche toujours pas ? Il ne serait pas un peu gros ? »

PAR TA GRAND-MÈRE

Gros et fainéant d'ailleurs, non ?
Comme son arrière-grand-mère.

« Ses premières chaussures ? Il faut qu'elles aient une semelle rigide et qu'elles englobent bien la cheville. »

PAR TA BELLE-SŒUR

#lescomptesàsuivre

« Il y a encore quelques années, on croyait que les enfants avaient besoin d'appuis et de soutien pour apprendre à marcher. On croyait aussi que les chevilles des bébés étaient fragiles. Par conséquent, beaucoup d'adultes ont cru bon de chausser les bébés avec de hautes chaussures, en cuir raide, pour servir de tuteur aux pieds. Cependant, il s'avère que les bébés n'ont pas besoin d'appui et que leurs chevilles sont assez fortes pour marcher sans soutien. Au contraire, une chaussure rigide contraint le pied qui aura des difficultés à se muscler correctement. Un peu comme un muscle dans un plâtre. La fonction primaire de la chaussure est de protéger le pied du chaud, du froid, du sol et d'éviter les blessures. Elle n'a pas de pouvoir magique pouvant faire marcher un bébé s'il n'est pas prêt à le faire. Ce ne sont pas les chaussures qui aident l'enfant à se tenir debout, mais bien l'évolution de sa motricité. Laisser l'enfant découvrir ses appuis, idéalement pieds nus ou en chaussures souples, est le meilleur moyen d'avoir une bonne stabilité à la marche.

La marche est un effort de collaboration constante entre le cerveau et les pieds. Les nerfs situés sous le pied sentent le sol et envoient des signaux au cerveau, qui l'aident à déterminer comment et où le poids du corps devra être réparti pour l'équilibre. Les chaussures changent cette communication avec le cerveau. Plus la semelle est épaisse et rigide, plus le message sera nul. »

PAR MAUD, FONDATRICE DE PETITS PAS DE GÉANTS, SPÉCIALISTE FRANÇAIS DE LA CHAUSSURE SOUPLE DEPUIS PLUS DE DIX ANS ET SAGE-FEMME.

Retrouve-la sur ses comptes Instagram @petitspasdegeant et @naissancenaturelle.

"FAUT LUI METTRE DES CHAUSSURES, SINON ELLE NE SAURA JAMAIS MARCHER!"
ELLES SONT CANON, HEIN?!
Klowé

« Faut lui mettre des chaussures, sinon, il ne saura jamais marcher. »

PAR UNE VIEILLE DAME DANS LA RUE

Et c'est aussi pour ça que Yannick Noah, quand il ne porte pas de chaussures, se déplace en volant.

#jegardemesconseils

« Empêche-le de faire du quatre pattes, sinon, il ne marchera jamais. »

PAR TOI

C'est un peu relou, mais au bout de 3 ou 4 mois à lui interdire, tu verras, il aura compris.

« Vous allez lui abîmer les jambes à le laisser marcher trop tôt. »

PAR UNE INCONNUE DANS LA RUE

Oui, c'est vrai, il ne faudrait pas trop l'user,
il a encore toute une vie à assumer.

« 2 ans ? Enlevez-lui les brassards. À force d'avoir la tête sous l'eau, elle apprendra à nager d'elle-même. »

PAR UNE INCONNUE À LA PISCINE

Ainsi naquit une enfant phobique de l'eau.

« Ne l'attache pas chaque fois dans son transat. Mets juste un coussin au cas où elle tomberait. »

PAR TA BELLE-MÈRE

Ou alors je ne mets rien : les gosses d'aujourd'hui, faut les endurcir.

#conseilroudoudou

« Un seul conseil : n'écoutez pas les conseils. »

PAR TA SAGE-FEMME

CONCLUSION

Voilà, c'est ici que nos chemins se séparent.

Je te laisse ici quelques pages blanches pour noter les meilleurs pires conseils que ton entourage te donne. Avec un peu de chance, dans quelques années, quand tu retomberas sur ce livre au cours d'un déménagement, tu pourras en rire avec tes enfants devenus grands. Et avec beaucoup de chance, ta belle-mère tombera sur ce livre que tu auras discrètement posé sur la table pendant un apéro en famille et verra que tu notes ses remarques... et elle n'osera plus jamais en faire (ou alors, ça sera la crise familiale, et là, je décline toute responsabilité).

....

....

....

....

....

....

....

REMERCIEMENTS

ET POUR FINIR, JE VOUDRAIS REMERCIER QUELQUES PERSONNES

Tu t'en doutes, la toute première personne que je souhaite remercier c'est... la sage-femme de mes cours de préparation à l'accouchement. Bah oui : tout ça, c'est un peu grâce à elle et son invention du pyjama à peau !

Je voudrais aussi remercier toutes les personnes qui se sont appliquées à me donner tout plein de conseils sur plein de sujets. Grâce à vous, j'ai pu analyser ce phénomène sociétal et le retranscrire sur mon compte Instagram.

Merci aussi à ceux qui, au quotidien, me confient leurs histoires, parfois très intimes, pour que je les retranscrive et que je les publie. C'est très gratifiant de se sentir utile. J'ai un peu l'impression d'être une nana qui boit quelques gouttes de votre verre d'eau avant qu'il ne déborde.

Merci à tous ceux qui me soutiennent au quotidien, car je reçois parfois des témoignages lourds et difficiles à porter. Merci de m'aider, de m'encourager à continuer, et à faire des pauses aussi parfois (et à reprendre après aussi, quand la pause a assez duré.)

Un remerciement personnel à ma fille, qui me soutient depuis le début (comment ça, elle a seulement 15 mois et elle ne se doute pas une seule seconde de mon activité ?), à mon chéri et papa de ma fille : NON, on n'est pas mariés. D'ailleurs, je profite de ce livre pour faire passer un message très personnel à mon chéri : Bertrand, veux-tu m'épouser ? (Tu t'y attendais pas à celle-là, hein ? Est-ce que ce n'est pas la demande en mariage la plus originale de tous les temps ?)

Je remercie aussi mes amis : Alicia, Élodie, Béné et Bemimi, Charles, Julie, Flora, Amélie, Vincent... Mes parents (mention spéciale à ma mère qui m'a dit : « Comme je ne comprends pas trop ce que tu fais dans la vie, je dis aux gens que tu es écrivain. » Waouh, la classe !). Et aussi à Kiki et Doudou, qui m'ont tout de suite dit : « Félicitations pour ce deuxième bébé », et Domi et Christian qui m'ont dit qu'ils étaient fiers.

Promis, j'ai bientôt fini de dire merci, je sais, tu n'es pas venu pour ça.

Merci aussi à mon éditeur grâce à qui je ne suis plus seulement une *#reustaduweb* mais une *#reustatoutcourt*. En particulier, merci à Stéphane et Pauline ; qui ont su répondre à toutes mes questions et m'ont aiguillée tout le long de la rédaction de ce livre (bon OK, je ne suis pas Victor Hugo, mais quand même, ma mère a dit que j'étais écrivain. Et on ne contredit pas ma mère, OK ?).

REMERCIEMENTS TOUT PARTICULIERS

Promis, ce sont derniers, après j'arrête : je remercie tout particulièrement les professionnels qui m'ont aidée à casser quelques mythes tenaces et qui sont cités tout au long du livre. Isabelle, Mélody, Isabelle, Maud, Amélie, Betty, Marie, Maya, Julie et Florence : merci d'avoir pris de votre temps, je suis honorée d'avoir pu travailler avec vous.

LES REMERCIEMENTS DE KLOWÉ

Merci,

Tout d'abord à Ophélie, pour m'avoir offert une chance inimaginable en me faisant une place dans sa belle aventure, et bien sûr aux éditions de l'Opportun pour leur confiance.

À Krachou, qui m'a permis de découvrir GTC, à Caro et aux filles de la bibliothèque pour m'avoir donné les moyens de réaliser ce projet.

Mais surtout, si ce livre est dédié à la parentalité, c'est d'abord aux deux femmes de ma vie que j'aimerais adresser mes remerciements : Tina, ma maman, qui a fait de moi sa fille et Zoé ma fille, qui a fait de moi sa maman.

Et puis aux deux papas de l'histoire : Donald, le mien et Pierre, celui de notre Zoé.

Merci Pierre, d'avoir toujours, toujours été là. Je t'aime.

ISBN : 978 2 38015 094 0
Dépôt légal : septembre 2020

Imprimé en France par EPAC Technologies
N° d'impression : 4550414326720
Dépôt légal : septembre 2020